Türkisch kochen

Die Autoren

Bânu Yalkut-Breddermann wurde 1951 in Ankara geboren. Sie studierte Ethnologie und Religionswissenschaften in Istanbul und Berlin mit Schwerpunkt Orientalistik. Sie arbeitete an einem Dokumentarfilm über die Kurden in der Türkei mit und veröffentlichte mehrere Artikel und ein Buch über die kurdischen Yezidis. Sie hat einen Sohn und lebt als Ethnologin und Religionswissenschaftlerin in Düsseldorf.

Hanjo Breddermann wurde 1949 in Berlin geboren, wo er Kommunikationswissenschaften, Islamistik und Byzantinistik studierte. Er drehte mehrere Dokumentarfilme und fotografierte zu Minderheiten in der Türkei und Kolumbien, veröffentlichte Artikel zu diesem Thema und gab ein Buch zur modernen türkischen Literatur heraus. Er hat drei Kinder und lebt in Berlin als kaufmännischer Leiter in der Multimedia-Branche.

Bânu Yalkut-Breddermann
Hanjo Breddermann

Türkisch kochen

Gerichte und ihre Geschichte

Verlag Die Werkstatt · Edition d i á

Bibliografische Information der Deutschen Bibliothek
Die Deutsche Bibliothek verzeichnet diese Publikation in der Deutschen Nationalbibliografie; detaillierte bibliografische Daten sind im Internet über www.dnb.ddb.de abrufbar.

2. Auflage 2014

Lotzestraße 24a, D-37083 Göttingen
www.werkstatt-verlag.de
Dieses Buch erscheint in der Reihe »Gerichte und ihre Geschichte« der Edition diá (www.editiondia.de).

Titelfoto und Fotos im Innenteil: Metin Yilmaz, Berlin
Satz und Gestaltung: Verlag Die Werkstatt, Göttingen
Druck und Bindung: Westermann Druck, Zwickau

ISBN 978-3-89533-412-2

Inhalt

Die türkische Küche

Kulinarischer Reichtum

Die Kochkunst in der Türkei ist neben der Küche Chinas und Frankreichs eine der raffiniertesten der Welt. Sie umfasst eine solche Spannbreite an Gerichten, dass man leicht über zwölf Monate jeden Tag eine andere Hauptmahlzeit mit mehreren Gängen zubereiten könnte. Drei Jahre lang haben wir in fast allen Gegenden der Türkei in die Kochtöpfe geschaut, haben die Speisen der Straßenrestaurants verschiedener Kleinstädte und die der Feinschmeckerlokale der Großstädte gekostet. In den vorhandenen Kochbüchern und den ernährungswissenschaftlichen Untersuchungen haben wir geschmökert und über 1.500 verschiedene Rezepte gezählt.

Die geografische Lage Kleinasiens bietet hervorragende Voraussetzungen für die Entfaltung gastronomischen Reichtums. Die grünen Gebirgshänge entlang dem Schwarzen Meer bis zum Kaukasus eignen sich für Teepflanzungen, die sonnendurchglühten Hochebenen Mittelanatoliens für den Weizenanbau. Die Täler um die Quellflüsse des Euphrat und des Tigris im ehemaligen Armenien sind Heimat der Weintraube; die Bergweiden des östlichen Taurus und die Steppen der mesopotamischen Tiefebene bis zur syrischen Grenze die Sommer- und Winterweiden der zahlreichen Schafherden kurdischer Nomaden und Bauern. Die Feuchtgebiete im Mündungsbecken des Ceyhan bei Adana ermöglichen zwei Reisernten im Jahr. Der niedrige Wasserstand der großen Flüsse im Sommer wird zum Melonenanbau genutzt. Am Küstensaum des Mittelmeeres reihen sich Auberginen-, Tomaten-, Mais- und Obstplantagen aneinander. Die thrazische Ebene des europäischen Zipfels der Türkei ist von endlosen Zuckerrüben- und Sonnenblumenfeldern überzogen. Das ägäische Mittelgebirge zwischen Izmir und Marmaris ist bedeckt von Olivenhainen. Den jährlichen Wanderungen großer Fischschwärme zwischen dem Mittelmeer und dem Schwarzen Meer verdanken sowohl die Fischmärkte Istanbuls als auch die Fischerdörfer entlang der ägäischen Küste ihr reichhaltiges Angebot.

Zentrum kosmopolitischer Gastronomie

In der Küche der Türkei dampft ein Schmelztiegel vieler Kulturen. Vor 4.000 Jahren entstand in Zentralanatolien östlich von Ankara die Hochkultur der Hethiter, deren zentralisierter Staat auf Ackerbau und Viehzucht beruhte und die mit den Babyloniern, den Ägyptern und den Trojanern in Handelsverbindungen traten. Der Überlieferung nach soll das erste Kochbuch in Troja verfasst worden sein, von Archestratos, dem Leibkoch des Sagenhelden Achilles.

Die nachfolgende Besiedlung durch die Griechen eröffnete den Austausch landwirtschaftlicher Produkte zwischen den Armeniern, die es damals schon im Getreide- und Gemüseanbau zu einiger Erfahrung gebracht hatten, den kurdischen nomadischen Schäfern, den Persern, den Juden und den frühen Kulturen Europas bis nach Spanien. Von da an waren Perser, Griechen und Armenier dafür zuständig, den Gaumen aller späteren Eroberer Kleinasiens mit ihren Köstlichkeiten zu kitzeln. Der römische Feldherr Lucullus, der mit seinen opulenten Festgelagen in die römische Literatur einging, war vor 2.000 Jahren in Armenien stationiert. Die reichsten Patrizier Roms überließen nur griechischen Köchen ihr leibliches Wohl.

Konstantinopel – die Handelsmetropole

Als Konstantinopel zur Metropole des Byzantinischen Reiches aufstieg, kreuzten sich bald hier die wichtigsten Handelswege zwischen Asien und Europa. Hier rüsteten die Venetianer und Genueser ihre Karawanen aus, um mit Gewürzen aus China und Indien die mitteleuropäischen Fürstenhöfe und Hansestädte zu beliefern, wo deren Verwendung zum Gradmesser des Wohlstandes wurde.

Nachdem der osmanische Sultan Mehmed II. 1453 Istanbul eingenommen hatte, fand diese Tradition ihre Fortsetzung. Händler vom Balkan, aus Persien und Arabien ließen sich in der Stadt nieder. Mit ihnen kamen nicht nur andere Spezialitäten, ihnen folgten auch Köche ihrer Heimat, die hier Restaurants eröffneten. Die Viertel um den Großen Bazar entwickelten sich zu Zentren einer kosmopolitischen Gastronomie, denn die Reisenden suchten nach Abschluss ihrer Geschäfte eine Speisekarte, die bot, was ihrer nationalen Geschmacksrichtung entsprach.

Hinzu kam, dass die Hohe Pforte, der Hof des Sultans, für die Besetzung eines Postens im Militär- oder Beamtenapparat keine nationale oder religiöse Zugehörigkeit zur Bedingung machte. Dem kulinarischen Zentrum des Reiches, dem Harem des Sultans, durften ausschließlich nicht-türkische Frauen und Diener angehören.

Reger Austausch der Kulturpflanzen

Was immer das Osmanische Reich an Völkern und Kulturen versammelte, fand sich in Istanbul und den wichtigsten Provinzhauptstädten Kleinasiens wieder. Die brachten ihre häuslichen Bräuche und Essgewohnheiten mit, schafften ihre Spezialitäten herbei und sorgten dafür, dass viele Kulturpflanzen, die es bis dahin in der Türkei nicht gegeben hatte, angebaut wurden, darunter Tee, Reis, Orangen und Mandarinen. Über die Handelsbeziehungen mit Spanien und Portugal wurden die Kartoffel, die Tomate, die Paprikaschote und der Tabak eingeführt, die die zwei Kolonialmächte ihrerseits aus Mittelamerika eingeführt hatten. Was in der Türkei nicht wuchs, wie Ananas, Kokos und Kaffee, wurde ebenfalls importiert.

Die Religionsfreiheit im Osmanischen Reich hat den gegenseitigen Austausch auch in gastronomischer Hinsicht zwischen ausländischen und einheimischen Bevölkerungsgruppen außerordentlich begünstigt. Religiöse Feiertage sind nämlich Höhepunkte kulinarischen Genusses. Servieren die armenischen, griechischen und syrisch-orthodoxen Christen zu Weihnachten und zu Ostern die besten Gerichte, so nehmen die Moslems die üppigsten Speisen in den Nächten des Ramadans und während des Opferfestes zu sich.

Aus den Gaumenfreuden dieser Festlichkeiten ist in Istanbul eine kulturelle Einrichtung entstanden, das *meyhane* – etwa »Haus der Lust« –, wo vorzüglich und lange gegessen und getrunken wird. In den *meyhane* erlebt auch die Gastfreundlichkeit, die bei allen Völkern der Türkei einer der geachtetsten allgemeinen Werte ist, ihre höchste Form.

Vielfalt statt Einfalt

Zwar hat sich im Verlauf des Zusammenbruchs des Osmanischen Reiches und erst recht nach der Gründung der türkischen Republik die Nationalpolitik sehr zu Ungunsten der Nicht-Türken geändert, so dass außerhalb Istanbuls nur noch wenige Armenier und Griechen leben. Doch die Kochkunst in der Türkei hat sich so vielfältig erhalten wie eh und je und als lebendige Erinnerung daran, wie positiv das kulturelle Nebeneinander verschiedener Völker in ein und demselben Land sein kann.

Seit der Einwanderung vieler Türken in die BRD haben die Deutschen Zugang zu ihrer traditionsreichen Kochkunst und Kultur ohne weite Reisen und größere Sprachprobleme. Das vorliegende Kochbuch lädt dazu ein, in ein türkisches Geschäft zu gehen und sich vom Verkäufer in der Auswahl der Zutaten beraten zu lassen, die zur Zubereitung eines traditionellen Gerichts benötigt werden. Von Nachbarn und Kollegen aus der Türkei werden Sie sicher freigebig hilfreiche Tipps zur Meisterung der oft nicht ganz einfachen Rezepte bekommen. Dieses Buch versteht sich auch als hilfreiches Mittel zur Belebung gegenseitiger Gastfreundschaft. *Afiyet Olsun!* Guten Appetit!

Essgewohnheiten in einem anatolischen Dorf

Joghurt und Fladenbrot für den Arbeitstag

Mit Einbruch der Morgendämmerung stehen die Menschen in anatolischen Dörfern auf und nehmen ein kleines Frühstück aus Fladenbrot, Joghurt und Ayran – ein Getränk aus Joghurt, mit etwas Salz und Quellwasser verquirlt – zu sich. Die Frauen treffen sich auf der dorfnahen Wiese, um die Schafe und Ziegen zu melken, während die Männer die Feldgeräte vorbereiten.

Danach wird ein Teil der Milch vom Vorabend gebuttert, der restliche Teil zu Joghurt angesetzt und ein zweites Frühstück aus Gurken, Oliven, frischer Butter, Fladenbrot, Schafskäse, Honig, Konfitüre und Tee bereitet. Der Vormittag vergeht mit Feld- und Hausarbeit.

Ihr Mittagessen, bestehend aus kaltem, mit Gemüse gefülltem Börek, frischem Gemüse, Fladenbrot und Obst, verzehren die Türken auf dem Land in Erntezeiten auf dem Feld. Zu anderen Jahreszeiten, wenn die Feldarbeit ruht und im Haus gegessen wird, gehören eine Suppe, Pilav mit Joghurt, in Zwiebeln und Tomaten gedünstetes Gemüse und eine Kaltschale zu den Bestandteilen des Mittagessens.

Am späten Nachmittag wird frisch gemolkene Milch getrunken. Zum Abendessen, das nach Sonnenuntergang beginnt, versammelt sich die Familie um eine Tafel, auf der unter anderem Alm-Suppe, Hirtensalat, Spiegelei mit Tomaten, Weizengrütze mit Joghurt, Reispilav mit Kichererbsen, in Zwiebeln und Tomaten gedünstete Pferdebohnen zu finden sind. Die reichliche Mahlzeit wird mit Früchten der Saison, Kaltschale und Tee beendet.

Fleisch für besondere Feste und Rituale

Obwohl all diese einfachen Sommergerichte selten Fleisch einschließen, sind sie nicht proteinarm, weil Joghurt immer und Eier oft dazugehören. Haustiere dienen hauptsächlich der Milch-, Eier- und Wollproduktion. Anatolische Bauern verkaufen ihre Herden bis auf wenige Muttertiere, Zuchtböcke und Lämmer im Spätsommer und

Herbst in den Städten. Zum einen, um aus dem Erlös Steuern und Anschaffungen zu bezahlen, zum anderen, um das Problem der Futterlagerung besonders in gebirgigen Gegenden geschickt zu lösen. Für den Eigenbedarf werden Haustiere nur bei bestimmten, über das ganze Jahr verteilten Gelegenheiten geschlachtet:

► Anlässlich der Beschneidung der Knaben, hauptsächlich im Frühjahr vorgenommen, findet ein großes Fest mit reichlichem Essen statt.

► Verletzt sich ein Lamm während der Weidezeit, muss es geschlachtet werden. Den Verlust des Tieres »verdauen« Hirten und Bauern bei einem Orman-Kebab, dem über dem Feuer gedrehten ganzen Lamm.

► Wenn im Sommer der Regen lange ausbleibt, erbeten ihn die Dorfbewohner mit einem uralten naturreligiösen Ritual, bei dem ein oder mehrere Tiere geopfert werden. Vor dem gemeinsamen Essen ziehen sie alle, geführt vom Geistlichen, aus dem Dorf hinaus und treiben ihre Tiere mit. Nachdem sie dort zu Gott gebetet haben, kehren sie ins Dorf zurück, sammeln Butter, das Fleisch der geschlachteten Tiere und Weizengrütze und bereiten in einem großen Topf Hammel im eigenen Saft zu (Seite 94).

► Zum Opferfest, das beweglich zwischen Sommer und Winter gefeiert wird, verpflichtet der Islam die wohlhabenden Bauern, Tiere zu schlachten und sie unter den Nachbarn und armen Bauern zu verteilen, die daraus *Kavurma* oder Grillgerichte zubereiten.

► Hochzeiten werden meist nach der Ernte, oft aber erst im Winter gehalten. Bei dieser Gelegenheit nehmen alle Dorfbewohner an den Zeremonien und dem ausgiebigen Essen teil, für das eine kräftige Fleischsuppe, Hochzeitssuppe (Seite 47) genannt, und das Hochzeitsfleisch (Seite 92) in großen Mengen vorbereitet werden.

► Kommt ein wichtiger Gast zu Besuch, serviert die Gastfamilie ebenfalls Fleischspeisen. Da sich die meisten Bauernfamilien in der Türkei zahlreicher Angehöriger erfreuen, die oft außerhalb des

Dorfes leben und zu Besuch kommen, gibt es häufig familiäre Anlässe für einen reich gedeckten Tisch.

Vorbereitungen für den Winter

Die geschlachteten Tiere werden in den verschiedensten Gerichten vollständig verwertet: der Kopf für den Pilav, das Hirn für Salat und Teigfüllung, die Zunge und die Füße für die Haxensuppe (Seite 51), die Innereien für die Kuttelsuppe (Seite 47). Aus Fett und Fleisch werden Ragouts (Kebab), Frikadellen (Köfte) sowie Gemüse- und Teigfüllungen zubereitet. Mit der Fleischbrühe werden Pilav und Suppen gekocht. Die vollständige Verwertung des Tieres sichert besonders im Winter, wenn es weniger Milch und Joghurt gibt, eine proteinreiche Ernährung.

Für diese Jahreszeit werden auch die wichtigsten Gemüsesorten, die nicht länger gelagert werden können, wie Tomaten, Paprikaschoten und Auberginen, haltbar gemacht. Die Frauen und Kinder fädeln Paprikaschoten auf lange Schnüre und hängen sie in die Sonne. Besucht man im Spätsommer ein Dorf in der Türkei, sieht man schon von weitem die roten und hellgrünen Gehänge oder Auslagen von den Bäumen und Dächern leuchten. Später werden sie ebenso wie Tomaten püriert, gesalzen und mit Öl zu Mark verkocht. Auberginen werden in Scheiben geschnitten und in der Sonne getrocknet.

An Obstsorten werden in den Dörfern vor allem Pflaumen, Aprikosen und Feigen getrocknet. Die anderen Arten werden zu Konfitüren und Sirup verarbeitet.

Das traditionelle Gedeck

Sini, das schmuckvolle Tablett

In vielen Dörfern und in Stadtwohnungen, die von Menschen aus ländlichen Gebieten bezogen wurden, wird das Essen auf dem *sini* serviert, einem großen, runden, schmuckvoll ziselierten Tablett aus Zink, Kupfer oder Holz. Die Größe des *sini* hängt von der Zahl der Leute ab, die am Essen teilnehmen. Auf dem Boden wird ein großes Tuch ausgebreitet, in dessen Mitte das *sini* gestellt wird. Die Anwesenden knien sich drum herum oder setzen sich im Schneidersitz an den Rand.

Zum Essen legen sie als Serviette ein dünnes Fladenbot über die Knie. Davon reißen sie kleine Stücke ab, tunken es in die Sauce oder wickeln Fleischstücke darin ein und essen es wie eine gefüllte Pastete.

Suppe und Joghurt werden in mehreren Schüsseln auf dem *sini* verteilt. Salat und Pilav dagegen werden auf größeren Platten in die Mitte des *sini* gestellt.

Das Essen wird nicht verteilt, sondern jeder bedient sich vom Rand der Pilav-Platte zur Mitte hin. Aber es ist eine schöne Sitte, die besten Stücke demjenigen, dem man eine Freude bereiten möchte, zuzuschieben. Als Besteck wird fast ausschließlich der Löffel benutzt, denn er eignet sich gut zu den sehr klein geschnittenen Speisen.

Löffel am Gürtel

Viele Dorfbewohner fertigen ihre Löffel aus Holz selbst an und schnitzen und bemalen sie. Die schönsten hängen sie als Schmuckstück oder Talisman der Fruchtbarkeit an die Wand; zu Volkstänzen setzen sie sie als Kastagnetten ein.

Kommen zu einem Gastmahl viele Leute zusammen, bringen sie ihre eigenen Löffel mit, weil sie denken, dass das Besteck des Gastgebers nicht ausreichen wird. Deswegen wird jemand, der häufig woanders zu Gast ist, scherzhaft »der mit dem Löffel am Gürtel« genannt. In früheren Zeiten waren die islamischen Wanderprediger, neben ihrem Bart und einfachem Gewand, an dem Löffel am Gürtel zu erkennen.

Gastfreundschaft auf dem Lande

Hoş geldiniz – Willkommen

Nicht nur ihren Nachbarn und Verwandten gegenüber sind anatolische Bauern freigebig in Bewirtung und Unterbringung, sondern auch Fremden gegenüber. Es reicht oft aus, einen einzigen Menschen aus dem Dorf zu kennen, um der ganzen Dorfgemeinschaft vorgestellt zu werden. Von dem Augenblick an ist man in allen Häusern des Dorfes willkommen. Willkommen geheißen *(»Hoş geldiniz«)* wird man bereits beim Eintritt ins Dorf und erneut beim Eintritt ins gastliche Haus. An der Tür küssen die Jüngeren die Hand der Älteren und führen sie an die Stirn zum Zeichen, dass sie sich deren Segen wünschen.

Entspannt im Schneidersitz

Der Gast zieht die Schuhe an der Türschwelle aus, um den Schmutz der staubigen Wege nicht in die Stube zu tragen, selbst wenn dort nur ein gestampfter Lehmboden ist. Als Sitzgelegenheit in einem anatolischen Bauernhaus dient ein mit Stroh oder Ziegenwolle ausgestopftes Kissen, in das farbige geometrische Figuren oder Pflanzenmotive eingewebt sind. Auf dieses lässt sich der Gast nieder, und wenn er anschließend bestätigt, dass er im Schneidersitz bequem darauf ruht, wird ihm ein weiteres Kissen hinter den Rücken geschoben, damit er sich noch besser entspannen kann. Erst dann setzen sich auch die anderen Anwesenden.

Der Gast erhält ein Glas mit frischem Quellwasser, um den Durst des langen Wegs zu stillen. Nachdem ihm auch Tabak oder Zigaretten angeboten wurde, beginnt die Unterhaltung über das Woher und Wohin. Die Neugier ist groß, die Fragen sind jedoch respektvoll zurückhaltend. Auch wird kein anatolischer Bauer selbst anfangen von sich zu erzählen, sofern der Gast ihn nicht direkt nach der Feldarbeit, den Kindern und dem Leben im Dorf fragt.

Je nach Tageszeit wird eine Kleinigkeit wie Obst oder frische Schafsmilch angeboten, während die Hausherrin oder die ältere Tochter den Tee bereits aufgesetzt hat. Trifft der Gast am Nachmittag ein, werden zum Tee Fladenbrot, Honig oder selbst gemachte Konfitüre und Schafskäse serviert, wobei die Unterhaltung unterbrochen wird. Anschließend wird sie umso lebhafter wieder aufgenommen. Um dem Gast Musik und Unterhaltung zu bieten, werden auch das Radio und der Fernseher eingeschaltet. Das Gespräch wird daher lauter geführt, denn die Unterhaltung zwischen den Menschen zählt.

Unaufdringliche Dorfgemeinschaft

Mit Sicherheit wird ein ungeduldiger Nachbar kurz den Kopf zur Tür hereinstecken und mit dem Vorwand, nur etwas zu fragen oder etwas zu borgen, wird er die Gelegenheit nicht auslassen, einen schnellen Blick auf den Gast zu werfen. Doch sind dies nur die Ausnahmen. Die anatolische Gastfreundschaft ist nicht aufdringlich. Sie geht immer davon aus, dass eine Reise beschwerlich war und der Reisende sich also zunächst ausruhen muss. Die nächsten Tage geben dem Wetteifern der anderen Dorfbewohner, den Gast auch einmal zu sich zum Tee einzuladen, genug Gelegenheiten – doch nur zum Tee, es sei denn, eine Hochzeit oder Ähnliches wird gefeiert. Denn das Vorrecht, den Gast zu bewirten, liegt bei der Familie, in deren Haus er übernachtet. Trifft der Gast überraschend oder spät ein, kann das Abendessen am ersten Tag – von vielen Entschuldigungen begleitet – ein einfaches sein. Dafür wird dieses erste Gericht umso köstlicher zubereitet sein und die Vielfalt einfacher Gerichte überzeugend demonstrieren. Und die Speisen der nächsten Tage werden für viele Überraschungen sorgen, denn die Zahl der Gemüse- und Obstsorten in einem anatolischen Dorfgarten übertrifft die Tage, die der Besuch dauert. Mindestens ein Huhn wird geschlachtet und selbst in sehr armen Hütten manchmal eines der einzigen drei Schafe, die nicht verkauft wurden.

Der Gast ist dazu angehalten, jede einzelne Speise zu loben, was zuerst die Köchin und dann auch die anderen Familienmitglieder mit »*Afiyet Olsun!*« beantworten werden, so dass der Gast Mühe haben wird, den vielen Aufforderungen nachzukommen, noch einmal zuzugreifen. Gästen wird meist die schöne Sitte zuteil, die besten Stücke zugeschoben zu bekommen. Damit kommt noch einmal zum Ausdruck, wie willkommen der Besucher ist. Handelt es sich um gute Freunde, wird der Gast diese Geste gegenüber dem Hausherrn erwidern, um seinerseits seine Zuneigung deutlich zu machen.

Ist der Gast satt und lehnt sich zurück, beenden auch die anderen das Essen. Ein Junge des Hauses bringt daraufhin eine Schüssel, gießt aus einer Kanne Wasser über dessen Hände, reicht ihm dann ein besticktes Tuch zum Abtrocknen und ein mit Zitronensaft getränktes Tuch, um den Mund abzuwischen. Wieder geht der Tabak herum und die Unterhaltung beginnt von neuem.

Ein traditionell anatolisches Bad

Inzwischen wird auf dem Feuer ein großer Kessel mit Wasser erhitzt und nach einer Stunde bittet die Hausherrin die weiblichen bzw. ihr Gatte die männlichen Gäste, ein traditionelles anatolisches Bad zu nehmen. Es ist ein annähernd gleichaltriges Familienmitglied gleichen Geschlechts, das den Gast ins Bad begleitet, ihm beim Baden hilft und ihn mit einer weichen Wurzelbürste massiert.

In ein großes, dickes Tuch eingewickelt, die nassen Haare in einen Turban eingeschlagen, bekommt der Gast Badeschuhe und geht in den Schlafraum, um sich abzukühlen. Ist er ein guter Freund des Hauses, begibt er sich im Schlafanzug in die Wohnstube, wo die anderen ebenfalls im Schlafanzug sitzen. Sie trinken alle gemeinsam süßen Fruchtsaft und setzen die Unterhaltung fort, bis der Gast müde ist. Die Betten werden so zugewiesen, dass nebeneinander, aber nach Geschlechtern getrennt geschlafen wird.

Als Frau zu Gast

Ist der Gast eine Frau, wird sie in den kommenden Tagen einen gründlichen Einblick in den Wirkungsbereich der Hausherrin bekommen ohne zur Arbeit aufgefordert zu werden. Bietet sie von sich aus an mitzuhelfen, wird dies nur angenommen, wenn sie jünger ist als die Bauersfrau. Sie wird dafür sehr geschätzt werden, denn sie zeigt ihre Achtung vor der Arbeit und dem Alter der Hausherrin.

Sie wird mit ihr Gelegenheit haben, die anderen Frauen und Mädchen unter schattigen Bäumen auf dem Dorfplatz zu treffen und von allen Freuden und Problemen im Dorf zu erfahren. Hier geht es laut zu und es wird viel gelacht. Denn anatolische Gastfreundschaft kennt keine Geheimnisse. Kommt unerwartet ein Mann des Weges, hängt es ganz davon ab, wie stark die Verhältnisse im Dorf islamisch beeinflusst sind, ob die Frauen geschickt das Thema wechseln oder ob sie ihn mit ein paar derben Scherzen auf den weiteren Weg schicken.

Geringer Einfluss islamischer Traditionen

Bei den Alewiten, einer Glaubensrichtung innerhalb des Islams, die weder Moscheen noch Geistliche unterhält, weder Alkoholverbot noch Schleierzwang vorschreibt noch Vielweiberei erlaubt, wird diese Reaktion der Frauen die wahrscheinlichere sein. Unter den anderen Richtungen des Islams lassen sich nur ältere und verwitwete Frauen von der Stellung des Mannes nicht beeindrucken, die ihm der Islam verleiht. Das gilt auch für unverheiratete Mädchen jungen Männern gegenüber.

Anatolische Dorfbewohner sind generell wenig dem Einfluss arabischer Traditionen unterworfen, die der Islam verbreitet hat. Den Schleier findet man in kaum einem Dorf, und wie stark der Einfluss des Islams in einem Dorf ist, lässt sich am besten daran erkennen, ob es eine Moschee gibt. In manchen Dörfern wird nur ein Gemeinschafts- oder ein Kaffeehaus zu finden sein. Die Stellung der verheirateten Frauen im Dorf wird wesentlich dadurch bestimmt, dass der Frau alle Hausgegenstände und -geräte gehören und sie neben gelegentlicher Feldarbeit für die im unmittelbaren Umkreis des Dorfes anfallenden Tätigkeiten wie Kindererziehung, Haushalt, Gartenpflege und Haustierhaltung zuständig ist.

Dem Mann dagegen gehören die Geräte zur Feldarbeit, die Tiere auf der Weide, aber nicht in jedem Fall die Weiden und Felder, die häufig Eigentum der Dorfgemeinschaft sind. Er ist für alle längeren und schweren Arbeiten, Transporte, weite Handelsreisen und Behördengänge zuständig, zu denen er auch die Kinder mitnimmt. Sind die Kleinstädte nicht allzu weit vom Dorf entfernt, besorgen dort auch die Frauen den Ein- und Verkauf.

Einen Gast einzuladen und willkommen zu heißen ist beider Recht und Pflicht. Nur hat der Mann die Unterhaltung mit dem Gast zu führen, die Frau für seine Bewirtung zu sorgen.

Als Mann zu Gast

Einem männlichen Gast werden in den kommenden Tagen die landwirtschaftlichen Einrichtungen und Sehenswürdigkeiten der Landschaft gezeigt. Er wird dort, wo die Jagd oder der Fischfang in Bächen üblich ist, dazu geladen. Bei Erfolg gibt es ein schönes Abendessen, wo das Geschick des Gastes gepriesen wird und Scherze über gemeinsame Abenteuer gemacht werden. Bei solchen Spaziergängen erzählen sich die Männer ihre Pläne, Träume und Sorgen und die Jungen gestehen sich ihre heimlichen Flammen. Danach wird im Anschluss an das Abendessen zusammengesessen, ein Spieler der *saz,* einer fünfsaitigen Langhalslaute, singt stimmungsvolle Lieder und die Männer – bei den Alewiten auch die Frauen – rauchen, hängen ihren Gedanken nach und melden ihre Liederwünsche an.

Essen und Trinken in der Stadt

Ein guter Tag beginnt mit einem Simit

Die meisten Menschen in den Städten der Türkei verbringen den größten Teil des Tages außer Haus. Die häuslichen Mahlzeiten beschränken sich daher meist auf das Frühstück und das Abendessen. Das Frühstück unterscheidet sich kaum von dem im Dorf, außer beim Brot. Ein »guter Tag« fängt mit einem Sesamkringel (Seite 198) zum Tee an.

Nach den *Simit*-Verkäufern muss jeder Stadtbewohner Ausschau halten. Sieht er morgens gegen acht Uhr eine kunstvoll aufgestapelte, kleine Pyramide von goldbraun gebackenen Brezelringen, die sich sicher über den Köpfen geschäftig vorwärts drängender Fußgänger bewegen und um die nächste Straßenecke abbiegen, muss er sich beeilen. Denn die *Simit* sind im Handumdrehen »vergriffen«, wenn sie frisch sind.

Es gibt nichts Leckereres zum Frühstück als einen *Simit*, der außen knusprig und innen noch warm ist. Und das wissen die eiligen Fußgänger genauso gut wie die jungen, pfiffigen Verkäufer. Der Grund für die gebotene Eile ist einfach: Jeder, der *Simit* kaufen möchte, hat das Recht, mit eigener Hand zu prüfen, ob sie noch knusprig sind. Sind sie es, finden sie sofort Absatz. Sind sie es nicht, fasst jeder sie an und gibt sie zurück. Dann sollte man besser auch darauf verzichten.

Wo gibt es was?

Man muss auf dem Laufenden sein, in welchem Straßenrestaurant es die schmackhaftesten Suppen, die besten mit Hackfleisch gefüllten Auberginen (Seite 105) gibt und ob in dem Restaurant fünf Häuser weiter der Pilav mit einer kräftigeren Sauce übergossen wird.

Bedenkt man, dass die tägliche Ernährung so abwechslungsreich wie möglich sein sollte, kann man leicht verstehen, wie wichtig es ist, sich in der Restaurant-Szene der Stadt auszukennen. Das Essen ist daher auch eines der beliebtesten Gesprächsthemen und zwischen 13 und 16 Uhr wird viel Zeit für das Mittagessen aufgewendet.

Sollte mal ein Tag ohne *Simit* begonnen haben und auch die Runde durch die Lokale eine unergiebige Irrfahrt gewesen sein, wird zumindest der Abend eine Freude für den städtischen Feinschmecker sein. Das Abendessen einer durchschnittlich situierten Familie in der Stadt erfüllt jeden Anspruch. Es besteht regelmäßig aus sieben Gängen, und zwar aus einer Suppe und einem Fisch-, Geflügel- oder Fleischgericht, danach kaltem Gemüse, Pilav oder Börek, einer Süßspeise, Obst und Mokka, und dauert normalerweise zwei Stunden. Wird Alkohol dazu getrunken, gibt es anstatt der Suppe kalte und warme Vorspeisen. Meist sind Gäste der Anlass zum Trinken von Alkohol, denn die Gastfreundschaft wird auch in der Stadt sehr gepflegt.

Das Ritual der Rakı-Tafel

Bei solchen Gelegenheiten beginnt das Essen am frühen Abend und geht mit Diskussionen, Scherzen und Singen manchmal bis in die frühen Morgenstunden weiter. Dieses private Gastmahl wird Rakı-Tafel genannt und geht auf ein Ritual des islamischen Mystiker-Ordens der Bektaşi zurück, das eine Art Abendmahl ist. Für die Bektaşi besteht eine wichtige religiöse Handlung darin, das gemeinsame Gebet mit vorzüglichem Essen, Trinken von Alkohol, Spielen von Musik und philosophischen Gesprächen zu verbinden.

Einer der Teilnehmer an der Tafel nimmt die Rolle des Mundschenks ein und sorgt dafür, dass alle ständig genug zu trinken haben. Er muss aber auch im Auge behalten, dass niemand betrunken wird. Nach dem Tischgebet eröffnet der »Tafel-Vorsitzende« das Ritual, indem er drei Schlucke trinkt, worauf die anderen der Reihe nach folgen. Nach einem zweiten Gebet kosten alle Teilnehmer an der Tafel etwas Salz und beginnen mit dem Essen und der Unterhaltung. Das Essen endet ebenfalls mit dem Kosten von etwas Salz.

Dieses Ritual einschließlich der Rolle am Tisch ist von vielen Städtern übernommen worden, wobei es nicht wichtig ist, dem Bektaşi-Orden anzugehören, sondern sich an dieser Art der kulinarischen Kultur zu erfreuen. Die Rakı-Tafel beginnt mit einer Zusammenstellung vieler verschiedener Vorspeisen, der *Meze*, die besonders reich an Vitaminen, Proteinen, Gewürzen und ungesättigten Fettsäuren sind, die dem Körper dabei helfen, den Alkohol leicht abzubauen. Mehrere Fisch-, Geflügel- und Fleischgerichte folgen aufeinander, dann kaltes Gemüse in Olivenöl, Teigpasteten und Reisgerichte. Danach folgen eine Süßspeise, Obst oder Kaltschale und zum Schluss ein Mokka.

Die Kunst der kleinen Mengen

Das Wichtigste bei der Rakı-Tafel ist das Essverhalten und die Unterhaltung. Um nicht betrunken zu werden, wird der Rakı in sehr kleinen Schlucken getrunken, dazu kühles Wasser und öfter eine kleine Menge gegessen. Die Portionen sind deshalb auch klein, denn es soll nicht auf einmal viel, sondern abwechslungsreich und lange gegessen werden. Jede neue Speise reizt den Appetit und der Rakı hilft dabei.

Wer sich an diese Kunstregeln der Rakı-Tafel hält, wird die ganze Nacht gut essen und trinken können und morgens weder einen Kater haben noch sehr müde sein. Rakı hat eine gleichmäßig stimulierende Wirkung, die noch Stunden anhält, ohne große Mengen davon trinken zu müssen.

Wer dem Rakı doch einmal unverhältnismäßig zugesprochen hat, sollte eine Kuttelsuppe mit Zitronensaft oder Knoblauchsaft zu sich nehmen, um den geschwächten Mineralhaushalt des Körpers wiederherzustellen.

Eine Geschichte von Bektaşi

Es war einmal ein Mann. Der wünschte sich nichts sehnlicher als einen Sohn. Doch es wurde ihm kein Sohn geboren. Eines Tages betete er zu Gott: »Oh mein Gott, wenn du mir einen Sohn schenktest, würde ich ihn auf einen Esel packen und diesen das Minarett besteigen lassen. Das verspreche ich dir.« Es ging viel Zeit ins Land und dem Mann wurde ein Sohn geboren. Doch nach der ersten Freude über die Gnade Gottes erinnerte sich der Mann an sein Versprechen. Da er nicht wusste, wie er es erfüllen sollte, tat er so, als hätte er es vergessen. Eines Nachts erschien ihm im Traum ein Derwisch, der sprach: »Vergiss nicht, Gott weiß zu geben, aber auch zu nehmen.« Der Mann aber ließ sich von dem Traum nicht beeindrucken. Doch als der Derwisch ein zweites Mal in seinem Traum auftauchte und den gleichen Satz wiederholte, begann er sich Sorgen zu machen.

Seine Freunde rieten ihm zu Bektaşi zu gehen, da nur dieser in der Lage wäre, eine Lösung zu finden. Der Bektaşi saß wie immer an der Rakı-Tafel, aß, trank und hörte Musik. Der Mann erzählte ihm von seinem Schicksal und bat um Rat.

»Wir werden einen Ausweg finden«, sagte der Bektaşi, »aber komm, lass uns erst einmal etwas Rakı trinken.«

»Ich trinke keinen Rakı«, erwiderte der Mann.

»Na gut, dann zieh an meiner Pfeife.«

»Danke, ich rauche nicht!«

Daraufhin gab der Bektaşi dem Mann eine Flöte und bat ihn etwas zu spielen.

»Ich kann nicht spielen«, erwiderte der Mann.

»Dann sing oder tanz mir etwas vor«, rief nun der Bektaşi ungeduldig.

»Das kann ich auch nicht.«

»Du trinkst nicht, du rauchst nicht, du kannst weder auf der Flöte spielen noch kannst du singen oder tanzen, geh, pack deinen Sohn auf deinen Rücken und besteige das Minarett.«

Die Rakı-Tafel

Vorschlag für eine Rakı-Tafel

für 6-8 Personen

2 Flaschen Rakı und 5 Liter sehr kaltes Wasser

Vorspeisen

Kalte Vorspeisen:
Hirtensalat (Seite 40)
Schafskäse
Walnuss-Salat (Seite 43)
Joghurt mit Gurken (Seite 42)
Fischrogen-Salat (Seite 42)
geröstete und gesalzene Haselnüsse, Kichererbsen, Honigmelonenkerne, Pistazien

Warme Vorspeisen:
Muscheln in der Pfanne (Seite 43)
Leber auf albanische Art (Seite 42)
Joghurt mit Peperoni (Seite 41)
Spinatomelett im Ofen (Seite 55)

Hauptgerichte

Fisch: Sardinen in Weinblättern gegrillt (Seite 64)
Fleisch: Adana-Kebab (Seite 90)
Geflügel: Huhn auf tscherkessische Art (Seite 69)
Warmes Gemüse: Weinblätter mit Hackfleisch gefüllt (Seite 109)
Kaltes Gemüse: Zucchini in Olivenöl (Seite 129)
Teiggericht: Tortenbörek mit Käsecreme gefüllt (Seite 163)
Suppe: Kuttelsuppe (Seite 47)

Nachspeisen

Türkischer Honig aus Grieß (Seite 190)
Verschiedenes Obst
Mokka (Seite 211)

Das Meyhane – der traditionelle Ort für die Tafel

Eine solche Rakı-Tafel vorzubereiten macht außerordentlich viel Arbeit, genauso wie jedes einzelne verfeinerte Gericht viel Mühe und Sorgfalt verlangt. In der Türkei wird daher eine Rakı-Tafel oft nur zu Familienfeiern wie Hochzeit und Beschneidung oder für weit gereisten Besuch vorbereitet. Für Gäste aus derselben Stadt wird sie als Abendessen mit Rakı oder nur auf eine gute *Meze* verkürzt hergerichtet. Es sind meist die jungen Leute, die die alte Tradition in vollem Umfang weiterführen, weil sie gemeinsam die Küchenarbeit bewältigen und dann das Ergebnis ihrer Arbeit zusammen genießen.

Kulturelle und kulinarische Impulse

Seit sich in der Türkei nur noch wenige Familien Diener und Köche leisten können, ziehen es besonders die Frauen und Töchter als »Betroffene« vor, dass die Familie mit den Gästen ein Restaurant besucht, um die Köstlichkeit zu genießen. Allerdings bieten nur wenige moderne Restaurants zu reichlich hohen Preisen den Komfort für eine richtige Rakı-Tafel.

Der traditionelle Ort für die Rakı-Tafel ist das *meyhane.* Das geht auf die griechische Taverna zurück und bildet eine Brücke zwischen der lebensfrohen griechischen Ess- und Trinkkultur und dem türkischen Bektaşi-Ritual. In Istanbul findet man das *meyhane* nur in bestimmten Altstadt-Vierteln wie Yenikapı, Kumkapı und Tepebaşı. Man geht dorthin, um Leute zu treffen, private wie persönliche Dinge in aller Öffentlichkeit zu diskutieren, sich Sorgen von der Seele zu singen oder Sehnsüchte in laut vorgetragenen Gedichten auszudrücken. Man genießt die warme Nacht, den Rakı und das vorzügliche Essen, erzählt sich die aktuellen politischen Witze, kritisiert die neuesten Theaterstücke, Filme und Bücher.

Forum der Lebenslust und Opposition

All diese Gefühls- und Gedankenausbrüche werden von anderen Tischen aus beantwortet, geteilt, manchmal kommentiert. Man lädt sich gegenseitig an die Tische ein, bestellt auf eigene Rechnung für andere und schickt die Musikgruppe, meist Zigeuner, zu deren Klängen man gerade selbst sein Lieblingslied gesungen hat, zu anderen, um ihnen eine Freude zu bereiten. Hier treffen sich alle, die in den

Bereichen Kultur, Presse und Justiz tätig sind. Hier wird die Regierung am offensten kritisiert. Hier sind die Ideen zu vielen guten Büchern entstanden und oft hat ein Stück Wirklichkeit von hier deren Stoff geliefert. Wegen des Alkoholverbots für Mohammedaner unter 60 Jahren sind es meist Armenier und Griechen, die die *meyhane* betreiben und daher unter den Istanbulern einen ausgezeichneten Ruf genießen. Als der Armenier Aghop, Besitzer des berühmtesten *meyhane* in Istanbul, vor einigen Jahren zu Grabe getragen wurde, folgten über 5.000 Menschen seinem Sarg. Es war die Demonstration der Bedeutung der *meyhane*-Kultur für die Istanbuler und zugleich eine Mahnung an die staatlichen Autoritäten, die in politischen Krisenzeiten oft genug diese Foren der Lebenslust und der zivilen Opposition geschlossen hatten.

Noch eine Geschichte von Bektaşi

Ein osmanischer Sultan, Murat IV., verbot seinem Volke, alkoholische Getränke zu sich zu nehmen. Nach geraumer Zeit hörte er von seinen Häschern, dass viele Menschen sich nicht an das Verbot hielten.

Der Sultan wollte sich selbst einen Eindruck von seinem Volk machen und ging auf die Straßen, bekleidet wie ein Mann seines Volkes. Auf seinem Weg traf er einen Bektaşi, der Rakı trank.

»He du, was trinkst du da«, rief der Sultan ihm zu.

Der Bektaşi, der den Sultan erkannte, antwortete: »Milch.«

Der Sultan schenkte dem Bektaşi keinen Glauben und sprach: »Bektaşi, das sieht nicht wie Milch aus. Lass mich kosten!«

Als der Bektaşi dem Sultan das Glas reichte, sprach er laut vor sich hin: »Lieber Gott, du bist allmächtig, bring den Sultan nicht in Verlegenheit, schaffe ein Wunder und verwandle die Milch im Glas in Rakı.«

Islamische Feiertage

Offiziell ist Religion Privatsache, seit die Türkei 1923 Republik geworden ist. Trotzdem werden die wichtigsten religiösen Gebote nach wie vor befolgt. An das Beten halten sich zwar viele Menschen in der Türkei nicht mehr, an das Fasten schon eher. Der Pflicht aber, den Armen Almosen zu geben, entzieht sich kaum jemand.

Ramadan-Fasten

Der neunte Monat im Jahr ist Fastenzeit, das zentrale Ereignis im Ablauf des religiösen Jahres. Das islamische Jahr ist ein Mondjahr und das bedeutet, dass die einzelnen Feste in alle Jahreszeiten fallen können. Der Ramadan beginnt am letzten Abend des Vormonats, wenn die schmale Sichel des abnehmenden Mondes noch mit bloßem Auge erkennbar ist. Von nun an bestimmen für 28 Tage Gebet und Fasten das Leben. So gut es geht, halten sich auch die in der Bundesrepublik lebenden Türken an diese Regeln. »Wenn man will«, sagt Selver, die in einer deutschen Textilfabrik arbeitet, »kann man überall beten; man nimmt sich eben eine Decke mit.« – »Und Fasten?« – »Fasten kann man auch – trotz der Belastung des Arbeitsalltags.«

Die Gebote sind streng im Ramadan. In der Bundesrepublik werden die exakten Fastenzeiten von der Religionsbehörde festgelegt. Im Koran heißt es: Solange man einen weißen von einem schwarzen Faden unterscheiden kann, also zwischen Sonnenaufgang und Sonnenuntergang, muss man auf Essen und Trinken verzichten, ebenso auf Rauchen und Geschlechtsverkehr. Wer gegen dieses Gebot verstößt, muss zur Strafe gleich 61 Tage fasten. Nur wer gedankenlos etwas isst, was ihm angeboten wird, erhält Absolution. Von den strengen Fastenregeln ausgenommen sind nur Kranke, Alte, Reisende, stillende Mütter und menstruierende Frauen.

Reisezeit

Wer sich in der Türkei all dem entziehen will, geht auf Reisen. So kommt es, dass während des Ramadans die Hotels auf dem Lande voll sind mit Gästen aus den Städten.

Ramadan ist eine Zeit der Besinnung. Tag und Nacht scheinen vertauscht. Den Tag verbringen die

Frommen in den ständig überfüllten Moscheen, deren Vorhöfen oder auf Grünanlagen und Plätzen im unmittelbaren Umkreis. Dort sitzen sie Reihe um Reihe und lauschen der Übertragung aus dem Inneren durch Lautsprecher. Ansprachen und Rezitationen verkürzen die Pausen zwischen den Gebetszeiten.

Keyf – für Mitteleuropäer kaum zu begreifen

Im Sommer flüchtet man in Schatten spendende Gärten in der Nähe der Moscheen. Die Stammrunde besteht dort aus alten Männern, die im Kreis oder in Reihen nebeneinander hocken – ein gemächliches Leben, ein besinnlicher, beruhigender Anblick. *Keyf* machen sie dort. Was *keyf* wirklich ist, kann ein Mitteleuropäer kaum begreifen. Am besten lässt es sich mit einem hellwachen, angenehmen Zustand beschreiben: ganz entspannt, den Blick im »Nirgendwo«, die Hände mit dem *tesbih* – einer Art Rosenkranz – beschäftigt. Auf diese Weise gleiten mehrmals täglich die 33 Perlen langsam durch die Finger beider Hände. Dabei murmelt man wie von ungefähr die 99 Namen Allahs und meditiert über die gehörten Koranverse.

Wenn es langsam dunkel wird, wartet jeder darauf, dass die glühbirnenumkränzten Minarette beleuchtet werden. Sobald die Lichter angehen, ertönt der hohe, schrille Ruf des Muezzins. Unterstützt durch die Stimmen von anderen, entfernteren Moscheen entsteht ein alles durchdringender, monotoner und lang gezogener Sprechgesang, der sich minutenlang über den ganzen Ort hinzieht. Bis zum Ende des 19. Jahrhunderts wurde in Istanbul mit Kanonendonner den Gläubigen im letzten bewohnten Winkel verkündet, dass die tägliche Fastenzeit zu Ende ist.

Nun kommt Bewegung auf in den Moscheehöfen, auf den Straßen und in den Gassen. Die Gläubigen gehen nach Hause zum Iftar, dem Fastenbrechen-Essen, das im Familien- oder Freundeskreis stattfindet. Während des langen Tages haben die Frauen viel Zeit, aufwändige Gerichte vorzubereiten. »Dem Sultan hat's geschmeckt« oder gefüllte Auberginen in Olivenöl sind beliebte Spezialitäten aus Gemüse und Fleisch, die nach komplizierter Vorbereitung bei schwacher Hitze stundenlang kochen müssen. Auch die schweren, mit Sirup getränkten Süßgebäcke wie *Kadın Göbeği* (Frauennabel) oder *Vezir Parmağı* (der Finger des Wesirs) werden zubereitet und im Laufe des Abends oder später in der Nacht zu Quellwasser und Kaffee genossen. Nach dem Essen gehen die Männer wieder in die Moschee.

Diät nach der Fastenzeit

Nach Sonnenuntergang fängt der unterhaltende Teil des Tages an: Ramadan-Nächte sind lang, teuer und folgenschwer. Hat man tagsüber gefastet oder gespart, so holt man das Versäumte am Abend und in der Nacht dreifach nach. Zum Schlafen bleibt kaum Zeit. Vieles scheint im Ramadan auf den Kopf gestellt: Die Schulden wachsen enorm und der Energieverbrauch steigt sprunghaft an. Die Leute nehmen zu statt ab und müssen nach der Fastenzeit mit einer Diät beginnen. Auf diese Weise kommt manch einer, der eigentlich gar nicht fromm ist, auf die 61 Tage Straf-Fasten …

Äußerlich scheint der Alltag auch für die Arbeitenden normal zu sein. Während eines harten Arbeitstages nichts zu essen ist beschwerlich. Im Sommer auf Getränke zu verzichten ist eine Belastung. Kein Wunder, dass die Arbeitsleistung sinkt und die Unfallgefahr steigt. Vor der Gründung der Republik, als religiöse Gesetze noch Grundlage des Staates waren, blieben Geschäfte und Restaurants tagsüber geschlossen. Heute gilt das nicht mehr. Auf dem Lande streicht man manchmal die Fenster der Restaurants mit weißer Farbe an, damit die Fastenden in ihren religiösen Gefühlen durch den Anblick der Essenden nicht verletzt werden. Vor wenigen Jahren konnte man noch in den Städten Hotelgäste beobachten, die zur Ramadan-Zeit ihren Rakı in Wasserflaschen durch die Hallen trugen. Inzwischen scheint das Rakı-Etikett niemanden mehr zu stören.

Jahrmarktzeit

Ramadan-Zeit ist auch Jahrmarktzeit. Nicht nur an den unzähligen Girlanden mit bunten Glühbirnen und den Leuchtstäben ist der Jahrmarkt von weitem erkennbar, sondern auch am

Lärm, denn Karussell und Jahrmarktbuden gehören heute selbstverständlich dazu. Dorthin geht man auch in den Ramadan-Nächten. Sogar die Kinder dürfen bis spät in die Nacht hinein dabei sein.

Moderne Schießautomaten findet man dort ebenso wie Renn-, Fahr-, Flieg- und Schwebeattraktionen. Doch daneben gibt es immer noch Volkstänze aus den verschiedensten Regionen und traditionelle Schauspieldarbietungen. Die ältesten Jahrmarktwahrzeichen, die Wahrsager und Märchenerzähler, sind allerdings fast ausgestorben. Nur die berühmten Schattenrisse mit den Spaßvögeln Karagöz und Hacivat – Stockpuppen aus bemaltem Leder – findet man noch hier und da. Im alten Istanbul waren die Zelte der Schausteller nur zur Ramadan-Zeit aufgestellt. Jeder Stadtteil hatte dafür seinen Platz. Dichter und Sänger hielten Hof, Volkstanz-und Zigeunergruppen mit ihren Instrumenten vertrieben der Menge die Zeit.

Zwischendurch schlendert man zu Haci Bekir, dem berühmten Zuckerbäcker von Istanbul. Dort sind auch nachts Köche in weißen Schürzen und Mützen damit beschäftigt, vor dem Publikum die süßen Köstlichkeiten in Kupferkesseln zu schmelzen: überzuckerte Mandeln und Nüsse, Bonbons, Lokum und Helva. Allerlei Obstsäfte werden aus malerischen Krügen, die Männer auf dem Rücken tragen, abgefüllt. Ein süßer Duft erfüllt die laue Luft.

Şeker Bayramı – Zuckerfest

Wenn die Neumondsichel den Beginn des zehnten Mondmonats verkündet, ist das Ende des Ramadans gekommen. Şeker Bayramı, das drei Tage dauernde Zuckerfest, beginnt. Es ist eine aufregende Zeit für Mütter und Kinder, die schon längst umfangreiche Vorarbeiten geleistet haben. Die Zubereitung von Baklava und köstlichen Kuchen nahm viel Zeit in Anspruch.

Die Feiertage sind bewegt und anstrengend. Für die Kinder müssen Schuhe und Strümpfe gekauft werden. Die neuen Kleider, die jedes Kind zum Bayram bekommt, nähen die Mütter meist selbst.

Am ersten Feiertag heißt es für alle Familienmitglieder früh aufstehen: Die Kinder bekommen ihre Haare gewaschen und die Männer gehen in die Moschee. Nach dem Gebet sitzen sie dort noch zusammen und reden. Man wünscht sich gegenseitig ein frohes Fest und geht dann langsam schwatzend nach Hause oder auf den Friedhof.

Zum Friedhof kommen auch die Frauen, um Blumen für die Gräber zu bringen und sie zu gießen. Nachdem das *mevlud* (eine Totenmesse) gelesen wurde, geht man gemeinsam nach Hause; unterwegs spendet man den Armen Almosen.

Traditionen in Mittelanatolien

Münever, die seit zehn Jahren in Deutschland lebt, hat den Şeker Bayramı aus ihrer Kindheit noch so in Erinnerung: »Wir lebten damals in Sivas, in Mittelanatolien. Wenn es uns zu Hause zu langweilig wurde, gingen wir Hand in Hand durch die Straßen. Die Leute machten die Fenster auf und wir begannen ein Lied zu singen. Dann bekamen wir etwas Süßes oder auch Geld, manchmal auch ein feines, besticktes Taschentuch. Schade, dass heute die Kinder in Sivas nicht mehr auf die Straße singen gehen.«

Da Münevers Großmutter die Älteste im Ort war, konnte sie nicht mehr aus dem Hause gehen – also kamen alle zu ihr, morgens um acht die ersten, gleich nach dem Besuch der Moschee.

»Großmutter saß auf einem der Wandsofas im Erker, von dem aus sie die Dorfstraße überblicken konnte. Es war ein altes Holzhaus mit arabischen Holzgittern an den Fenstern. Im Salon gab es außer Sitzkissen an den Wänden nur ein paar kleine, mit Perlmutt eingelegte Tischchen und eine Kupferplatte, auf der ein *mangal* (Holzkohlenbecken) stand. Kinder wie Erwachsene erwiesen der Großmutter Reverenz, indem sie ihr die Hand küssten und diese dann an Herz und Stirn führten. Man wartete, dass sie das Wort ergriff, und antwortete mit Respekt. Wenn meine Eltern Besuche machten, blieben meine älteren Geschwister im Hause und brachten den Gästen Kaffee und Süßigkeiten. So ging das drei Tage. Am ersten Tag wurden die nahen Verwandten besucht, die ältesten zuerst, am zweiten Tag die entfernteren Verwandten und am dritten Nachbarn und Freunde.

Da man einen Besuch erwidern muss, sieht man sich während des Bayrams immer zweimal. Ein Wunder, dass dieser Brauch wie durch geheime Absprachen funktioniert und man immer jemanden im Hause antrifft.«

Kurban Bayramı – Opferfest

Zwei Monate und zehn Tage nach Ramadan ist Kurban Bayramı. Zu diesem Zeitpunkt hat die traditionelle Pilgerfahrt nach Mekka, die einen Monat dauert, ihren Höhepunkt erreicht. Die Daheimgebliebenen feiern dafür das Opferfest. Das Ritual entstand in Gedenken an Abraham (Ibrahim), der nach islamischer Überlieferung seinen zweiten Sohn Ismail (und nicht seinen ersten Sohn Isaak, wie die Bibel berichtet) opfern wollte, aber durch die Gnade Allahs davon befreit wurde und stattdessen einen Hammel als Opfer darbrachte.

»Tue Gutes und vergiss es«

Die rituelle Schlachtung eines Hammels lebt in der heutigen Form des Festes fort. Dafür gibt es eine Reihe von Vorschriften. Das Tier muss beispielsweise geschächtet werden. Schlachtet man einen Hammel zu Ehren eines Toten, so muss dies am ersten Tag des Bayram geschehen. Das gesamte Fleisch wird in diesem Fall den Armen verschenkt. Wer einen Hammel für sich selbst schlachtet, kann dies während der vier Feiertage tun. Jeder Hammel wird aufgeteilt: ein Drittel für die Familie, ein Drittel für Freunde, ein Drittel für Arme. Es sind die Kinder, die die Fleischstücke zu Freunden und Armen bringen. Dafür bekommen sie natürlich etwas Süßes und gehen bei der Gelegenheit auch mal schnell auf den Rummelplatz. Wie beim Şeker Bayramı besuchen sich die Familien gegenseitig. Die ganze Stadt scheint unterwegs zu sein, kein Taxi ist zu bekommen und die Fährschiffe in Istanbul bersten vor Menschen.

Es ist auch Sitte, zum Kurban Bayramı Geld an Krankenhäuser zu spenden. »Tu Gutes und vergiss es«, heißt ein altes türkisches Sprichwort. Noch deutlicher: »Tu Gutes und wirf die Gedanken daran ins Meer.«

Münever berichtet weiter: »Die größte Wohltat ist, einem Waisenkind zum Bayram ein neues Gewand zu schenken. Mein Mann ging immer zum Direktor der Schule, die in unserer Nachbarschaft lag, und fragte nach einem bedürftigen Kind. Von Kopf bis Fuß wurde dieses Kind dann von ihm neu eingekleidet. So hatte es das Gleiche wie alle anderen, die am Bayram stolz mit den neuen Kleidern auf die Straße gehen.«

Hammelherden in der Stadt

In Stadt und Land wird das muntere Treiben vor dem Kurban Bayramı vom Anblick der Hammelherden bestimmt – mitten im Großstadtgewühl eher eine ungewöhnliche Erscheinung. Auf ihren Rücken tragen sie die bunten Brandmale, ihre Fettschwänze berühren unter der Riesenlast fast den Boden. Kein noch so nachhaltiges Hupen der Autos kann sie aus der Ruhe bringen. Gelegentlich blickt ein Hammel auch aus einem Taxi, sorgsam behütet von seinem glücklichen Besitzer.

Der Beitrag »Islamische Feiertage« stammt von Ebba Groß.

Tipps zum Einkaufen und Kochen

Die Zutatenliste am Beginn jeden Rezepts dient auch als Einkaufszettel. Dort finden sich daher Hinweise auf Besonderheiten einzelner Zutaten.

Die Mehrzahl der Zutaten ist in den üblichen Geschäften zu haben. Bei folgenden Lebensmitteln ist es jedoch empfehlenswert, sie in türkischen oder griechischen Geschäften zu kaufen:

► alle frischen Bohnensorten
► Weißkohl- und Weinblätter für gefüllte Gerichte – dabei prüfen, ob sie dünn und weich sind
► Paprikaschoten für gefüllte Gerichte, weil sie dünner, kleiner und auch milder im Geschmack sind
► Hammel- und Lammfleisch, weil es durch die Art der Schlachtung und der Aufbewahrung einen typischen Geschmack hat und topfgerecht vorbereitet werden kann
► Fertigteig-Blätter und Fertig-Blätterteig
► alle auf der folgenden Seite erklärten Gewürze.

Weiterhin sind zu empfehlen:

► bulgarischer Schafskäse, außer wenn er für Füllungen verarbeitet werden soll
► schwarze Oliven zu kosten, ob sie fleischig und nicht zu bitter schmecken
► gelblich-rote Tomaten, weil sie nicht im Treibhaus gezogen sind und sich daher geschmacklich für Salate, aber auch fürs Kochen besser eignen
► beim Binden von Suppen und Saucen mit Eigelb und Zitrone das Gericht etwas abkühlen zu lassen, da sonst das Eigelb gerinnt. Mit Mehl verrührt gerinnt Eigelb nicht. Beim Binden mit Mehl muss das Gericht einmal aufkochen, sonst bleibt das Mehl roh und verdirbt den Geschmack der Speise.
► beim Häuten von Tomaten an der Spitze ein kleines Kreuz einzustechen. Nach dem Eintauchen in kochendes Wasser lässt sich die Schale von den Ecken des Kreuzchens her leicht abziehen.

Gewürze

Bergamotte

Öl der Bergamotte-Birne. Wird für Süßspeisen und Getränke benutzt. Lässt sich durch geriebenes Zitronat ersetzen.

Çemen

Mischung zu gleichen Teilen aus Kimyon, scharfem Paprika, schwarzem Pfeffer, Knoblauchpulver und »Vier Gewürzen«. Lässt sich durch Köfte-Gewürz ersetzen.

Kimyon

Kreuzkümmel oder Kumin, duftet stark nach Kampfer und wird für Fleischgerichte benutzt.

Mastix

Damla Sakızı, Harz einer ägäischen Pinienart. Wird als Würz- und Geliermittel für Süßspeisen benutzt.

Pfeilwurzel

Arorot, feines Stärkemehl aus tropischen Knollen wie Maniok. Wird zum Binden von Suppen, Saucen und Süßspeisen benutzt. Lässt sich durch jedes Stärkemehl ersetzen.

Steinweichsel

Mahlep, geriebener Kern des Fruchtsteins der orientalischen Weichselkirsche. Wird für Gebäck benutzt. Lässt sich durch Mandel-Aroma ersetzen.

Sumak

Granulierte sauer-bittere Beerenart, wird zum Würzen von Salaten und kaltem Gemüse benutzt.

»Vier Gewürze«

Mischung aus Zimt, Gewürznelke, Muskat und schwarzem Pfeffer. Lässt sich durch Dolma-Gewürz ersetzen.

Maße und Abkürzungen im Rezeptteil

EL	Esslöffel
TL	Teelöffel
g	Gramm
kg	Kilogramm
l	Liter
ml	Milliliter
cl	Zentiliter

1 Mokkatasse Wasser, Milch, Öl: 75 cl
1 Mokkatasse Mehl, Reis, Grieß: 60 g
1 Mokkatasse Zucker: 75 g
1 Esslöffel Öl: 10 cl
1 Esslöffel Mehl: 12 g
1 Esslöffel Zucker, Salz: 16 g
1 Teelöffel Salz, Zucker: 8 g
1 Teelöffel gemahlener Pfeffer, Paprika etc.: 2 g
1 Mokkalöffel Salz: 3,5 g
1 Mokkalöffel gemahlener Pfeffer, Paprika etc.: 1 g

Wenn nicht anders angegeben, sind Mokka-, Tee- und Esslöffel gestrichen gefüllt.

Alle Rezepte mit Ausnahme der Getränke sind für vier bis sechs Personen berechnet.

Vorspeisen
Mezeler

Die folgenden Gerichte geben insbesondere der Rakı-Tafel (Seite 24) ihre reichhaltige Vielfalt. Zutaten und Zubereitung dienen eigentlich nur einem Zweck: den hochprozentigen Rakı daran zu hindern, zu schnell ins Blut zu gelangen und dem angeregten Beisammensein ein vorzeitiges oder unschönes Ende zu bereiten. Dabei soll es natürlich vorzüglich schmecken, damit sich Geist und Seele in einem angenehmen, leichten Rauschzustand und im vollen Genuss der kulinarischen Leckerbissen dem kultivierten Gespräch widmen können.

Um das zu erreichen, ist bei der Auswahl der Zutaten besonders darauf zu achten, dass sie frisch und von hoher Qualität sind. Das Erste gilt vor allem für Gemüse, Joghurt und Meeresfrüchte, das Zweite für Olivenöl und Gewürze.

Mit der Gewichtung der Gewürze kann sogar eine spezielle Atmosphäre hervorgerufen werden: So lässt sich durch die aphrodisierende Wirkung von Muskatnuss und Kardamom eine sinnliche Stimmung erzeugen; schwarzer Pfeffer, Cayenne und scharfer Knoblauch fördern dagegen heiter erregte Gespräche. Leiten die Vorspeisen ein mehrgängiges Menü ein, können sie stärker gewürzt werden, um die Magensäfte auf die folgenden Gerichte vorzubereiten.

Unverzichtbare Beilagen sind reichlich frische Zitronen zum Beträufeln der Speisen und frische Kräuter zum Knabbern.

Auberginen-Salat
Patlıcan Salatası

1 kg Auberginen
1 Mokkatasse Olivenöl
1 EL Essig
1 Zitrone (Saft)
2 mittelgroße Tomaten
1 mittelgroße Zwiebel
6 frische Peperoni
20 schwarze Oliven

◆ Die Auberginen auf die Herdplatte, den Holzkohlengrill oder in eine Gasflamme (direkt auf den Brenner) legen. Drehen und wenden, bis die Schale verbrannt aussieht und die Auberginen innen weich sind. Vom Stiel her schälen, in eine Schüssel geben, Öl, Essig und Zitronensaft zugießen. Eine Stunde ziehen lassen.
Währenddessen die Tomaten kurz in kochendes Wasser tauchen, häuten und sehr klein schneiden.
Die Zwiebel in dünne halbe Ringe schneiden, mit 2 TL Salz bestreuen und 5 Minuten ziehen lassen. Unter fließendem Wasser waschen, fein hacken und mit den Tomaten mischen.
Die Auberginen mit einer Gabel zerdrücken, Tomaten und Zwiebel gut untermischen. Die Masse auf eine ovale Platte füllen. Die Peperoni halbieren, entkernen und in lange Streifen schneiden. Die Streifen strahlenförmig auf dem Plattenrand anordnen, die Oliven dazwischen legen.

Weiße-Bohnen-Salat
Piyaz

10 Stunden Vorbereitungszeit

250 g getrocknete weiße Bohnen
5 Mokkatassen Weißweinessig
3 mittelgroße Tomaten
3 Eier
1 große Zwiebel
½ Bund Petersilie
18 schwarze Oliven
5 frische dunkle, scharfe Peperoni
1 Mokkatasse Olivenöl

◆ Die Bohnen in Wasser sieben bis acht Stunden quellen lassen. Dann in einem Topf mit frischem Wasser bedecken und zum Kochen bringen. Die Hitze reduzieren und kochen, bis die Bohnen halb weich sind. Den Topf vom Herd nehmen, abkühlen lassen und erst dann das Wasser abgießen. 3 Mokkatassen Essig zugießen und zwei bis drei Stunden ziehen lassen.
Währenddessen die Tomaten kurz in kochendes Wasser tauchen, häuten und in halbfingerdicke Scheiben schneiden. Die Eier hart kochen. Die Zwiebel in dünne halbe Ringe schneiden, 1 EL Salz darüber streuen und ziehen lassen. Die Petersilie sehr fein hacken. Die Zwiebelringe unter fließendem Wasser waschen, abtropfen lassen und mit der Petersilie vermischen. Die Bohnen abgießen, mit den Zwiebelringen vermischen und auf eine ovale Platte häufen. Mit Tomatenscheiben umgeben und jede Scheibe mit einer entkernten Olivenhälfte garnieren. Die geviertelten Eier in der Mitte der Platte auf den Bohnen blütenförmig anordnen. Die Peperoni halbieren, entkernen und in schmale Ringe schneiden. Zwischen die geviertelten Eier legen.
Den restlichen Essig, Öl und 1 Mokkalöffel Salz gut vermischen und über den Salat träufeln. 10 Minuten ziehen lassen.

Hirten-Salat
Çoban Salatası

500 g mittelgroße Tomaten
5 frische Peperoni
5 Lauchzwiebeln
1 Gurke
½ Mokkatasse Olivenöl
½ Mokkatasse Zitronensaft
4-5 Bund frische Minze

◆ Die Tomaten kurz in kochendes Wasser tauchen, häuten und sehr fein würfeln. Peperoni und Lauchzwiebeln in dünne Ringe schneiden. Die Gurke schälen und fein würfeln. Die Gemüse in eine Schüssel geben, Öl und Zitronensaft zugießen, gut mischen. 15 Minuten ziehen lassen.
Kurz vor dem Servieren mit 1 Mokkalöffel Salz bestreuen. Die Minze klein hacken und darüber streuen.

Joghurt mit Peperoni
Cacık Manisa Usūlü

20 frische Peperoni
1 Knoblauchzehe
1 Bund Dill
750 g Joghurt
½ Mokkatasse Olivenöl

◆ Die Peperoni auf der Herdplatte, in der Gasflamme oder über Holzkohlenglut von allen Seiten grillen. Vom Stiel her schälen, entkernen und in fingerdicke Stücke schneiden. Den Knoblauch zerdrücken, den Dill fein hacken. Joghurt und 1 TL Salz gut verrühren. Peperoni, Dill, Knoblauch und die Hälfte des Öls unterrühren. Auf Schälchen verteilen und den Rest des Öls darüber gießen.

Kartoffelpüree-Salat
Patates Ezmesı Salatası

1 kg Frühkartoffeln
1 kleine Zwiebel
1 Bund Dill
2 Eigelb
1 Mokkatasse Zitronensaft
2 Mokkatassen Olivenöl
20 schwarze Oliven

◆ Die Kartoffeln gar kochen. Die Zwiebel reiben oder sehr fein hacken, den Dill ebenfalls fein hacken. Beides mit Eigelb, Zitronensaft und einer Prise Salz verrühren.
Die Kartoffeln pellen und mit einer Gabel zerdrücken, solange sie noch warm sind. Das Öl unterrühren, bis es von den Kartoffeln aufgesaugt ist. Die Sauce zugeben und gut verrühren. Mit Oliven garnieren und kalt servieren.

Blumenkohl-Salat
Karnebahar Salatası

1 kg Blumenkohl
1 ungespritzte Zitrone
1 Mokkatasse Olivenöl
1 Mokkatasse Zitronensaft
10 schwarze Oliven

◆ Den Blumenkohl von Strunk und Blättern befreien. In einem großen Topf mit Wasser bedecken und zum Kochen bringen. Die Zitronenschale darüber reiben, 2 TL Salz zugeben, 3 bis 6 Minuten kochen.
Das Wasser abgießen und den Blumenkohl kalt stellen. Die Röschen lösen und auf einem Teller anordnen. Mit der Öl-Zitronensaft-Mischung begießen und mit Oliven garnieren.

Variante
Die Röschen mit einer Gabel zerdrücken, dabei die Öl-Zitronensaft-Mischung zugeben. Das feine Mus mit Oliven dekorieren.

Leber auf albanische Art
Arnavut Ciğeri

3 mittelgroße Zwiebeln
1 Lammleber
1 Bund Petersilie
1 EL süßer Rosenpaprika
3 EL Mehl
3 EL Pflanzenöl

◆ Die Zwiebeln in sehr dünne halbe Ringe schneiden, mit Salz bestreuen und ziehen lassen. Währenddessen die Leber sehr fein würfeln, in reichlich kaltem Wasser waschen und abtropfen lassen.
Die Zwiebelringe unter fließendem Wasser waschen und abtropfen lassen. Die Petersilie sehr fein hacken und mit den Zwiebelringen vermischen. Die Leberstückchen in Paprika wenden und jeweils eine Hand voll in Mehl wälzen.
In einer Pfanne Öl erhitzen, bis feiner Rauch aufsteigt, und die Leber darin braten, dabei wenden. Nach höchstens 1 Minute mit einer Schaumkelle herausnehmen. Mit einer Prise Salz bestreuen und mit den Zwiebelringen belegen. Warm servieren.

Joghurt mit Gurken
Cacık

1 große Gurke
500 g Joghurt
4 Knoblauchzehen
1 Bund Dill
½ Mokkatasse Olivenöl

◆ Die Gurke schälen, raspeln und mit 1 Mokkalöffel Salz bestreuen. Den Joghurt schlagen, dabei nach und nach 2 Mokkatassen Wasser zugießen. Die Gurken unterrühren.
Den Knoblauch in einem Mörser zerstoßen und in den Joghurt rühren. Dill fein hacken und unterrühren. Mit Öl übergießen.

Fischrogen-Salat
Tarama

2 Scheiben trockenes Weißbrot
1 Mokkatasse Milch
100 g Weißfischrogen
2 Mokkatassen Olivenöl
1 Zitrone (Saft)
2 TL Zwiebelsaft
1 Mokkalöffel scharfes Paprikapulver

◆ Das entrindete Brot in Milch einweichen, dann in der Hand leicht ausdrücken. In einer Kasserolle Brot und Rogen kurz erhitzen, dabei ständig mit dem Schneebesen schlagen, damit der Rogen sich gut löst. Die Kasserolle vom Herd nehmen und die Masse durch ein Haarsieb streichen. Mit ½ Mokkatasse heißem Wasser nochmals in der Kasserolle verquirlen. ½ Mokkatasse heißes Wasser und Öl unterrühren, bis das Püree ein zäher Brei wird. Unter ständigem Rühren den Zitronensaft zugießen. Zwiebelsaft und Paprika zugeben, umrühren. Kalt servieren.

Muscheln in der Pfanne
Midye Tava

30 große Pfahlmuscheln
¼ l Bier
1 Zitrone (Saft)
6 EL Mehl
3 Mokkatassen Olivenöl
2 Eier

◆ Die Muscheln mit einem spitzen Messer durch Trennen des Schließmuskels öffnen und das rohe Muschelfleisch mit der Messerspitze lösen: dazu am inneren Muschelrand einmal rund schneiden. Die Muscheln in einem Tuch trocknen. Bier, Zitronensaft, Mehl, Eier und 1 Mokkalöffel Salz verquirlen.
In einer Pfanne Öl erhitzen. Die Muscheln in die Sauce tunken und hineingeben. Einmal wenden, dann mit einer Schaumkelle herausnehmen.
Beilage: Walnuss-Salat (Seite 43)

Walnuss-Salat
Tarator

100 g Walnüsse
2 Knoblauchzehen
1 Mokkatasse Sesamöl
2 Mokkatassen Zitronensaft
2 Bund Petersilie

◆ In einem Mörser die Walnüsse mit Knoblauch und ½ Mokkalöffel Salz zerstoßen. In einer Schüssel mit Sesamöl und Zitronensaft vermischen. Die Petersilie fein hacken und unterrühren.

Lammhirn-Salat
Beyın Salatası

3 Lammhirne
1 kleine Zwiebel
1 EL Weißweinessig
2 große Tomaten
15 schwarze Oliven
1 Mokkatasse Zitronensaft
½ Mokkatasse Olivenöl

◆ Die äußeren Hirnhäutchen unter fließendem Wasser entfernen. Die Zwiebel fein würfeln. Die Hirne in 1 l Wasser aufsetzen, 1 EL Salz und Essig zugeben. Bei mittlerer Hitze zugedeckt 10 Minuten kochen. Vom Herd nehmen und 30 Minuten abkühlen lassen.
Währenddessen die Tomaten kurz in kochendes Wasser tauchen, häuten und in dünne Scheiben schneiden. Die Oliven entkernen.
Die Hirne aus dem Wasser nehmen und längs in halbfingerdicke Scheiben schneiden. Auf einer ovalen Platte wie Brotscheiben aneinander reihen, die Oliven darauf legen, mit Tomatenscheiben umgeben.
Zitronensaft, Öl, Zwiebeln und 1 Mokkalöffel Salz gut verrühren, die Hirnscheiben damit beträufeln und 10 Minuten ziehen lassen.

Auberginen-Salat mit Joghurt

Yoğurtlu Patlıcan Salatası

1 kg Auberginen
1 Mokkatasse Olivenöl
½ Zitrone (Saft)
250 g Joghurt
10 frische dunkle, scharfe Peperoni
5 Knoblauchzehen

◆ Die Auberginen auf die Herdplatte, den Holzkohlengrill oder in eine Gasflamme (direkt auf den Brenner) legen. Drehen und wenden, bis die Schale verbrannt aussieht und die Auberginen innen weich sind. Vom Stiel her schälen, in eine Schüssel geben, Öl und Zitronensaft zugießen. Eine Stunde ziehen lassen. Dann mit einer Gabel fein zerdrücken, dabei den Joghurt zugeben.
Vier Peperoni wie die Auberginen grillen und schälen. Den Knoblauch reiben und zugeben. 1 TL Salz darüber streuen und alles mit einer Gabel fein zerdrücken.
Das Auberginen- mit dem Peperonimus verrühren und mit den übrigen Peperoni garnieren.

Suppen
Çorbalar

Eine wichtige Grundlage für türkische Suppen ist die Brühe, je nach den weiteren Zutaten eine Fleisch- oder Gemüsebrühe. Dafür sollten keine Brühwürfel verwendet werden, sondern die Brühe, die bei der Zubereitung anderer Gerichte entstanden ist. Bei fetter Brühe schöpft man das Fett ab, sobald sie erkaltet – auf diese Weise lässt sie sich mit etwas Butter oder Margarine leichter verfeinern.

Zum Binden der Suppe eignen sich besonders Suppenmehl (Tarhana) und Joghurt, der mit etwas Eigelb verrührt wurde.

Fein gehackte frische Kräuter oder frische, scharfe Peperoni geben den Suppen eine zusätzliche schmackhafte Note. Mit dem Saft einer frischen Zitrone abgeschmeckt macht die Suppe Appetit auf die folgenden Gerichte.

Hochzeitssuppe
Düğün Çorbası

4 Stunden Kochzeit

500 g Hammelgulasch
1 kg Hammelknochen
1 mittelgroße Zwiebel
1 Möhre
2 EL Margarine
1½ Mokkatassen Mehl
3 Eigelb
1 Zitrone (Saft)
2 EL Butter
1 EL scharfes Paprikapulver

◆ Gulasch, Knochen, Zwiebel und Möhre in 4 l Wasser aufsetzen, 2 TL Salz zugeben. Wenn das Ganze kocht, abschäumen. Bei mittlerer Hitze zugedeckt drei Stunden kochen, bis das Fleisch sich löst. Dann die Brühe in einen zweiten Topf gießen. Die Fleischstücke herausnehmen, zerdrücken und zurück in die Brühe geben.
In einer Kasserolle aus Margarine und Mehl eine Schwitze zubereiten und unter ständigem Rühren 3 Tassen Brühe zugießen. Diese Sauce in die Fleischbrühe geben, umrühren und kurz aufkochen.
Eigelb und Zitronensaft mit 3 Tassen Brühe verquirlen, in die Fleischbrühe geben und umrühren.
In einer Kasserolle Butter zerlassen und Paprika einrühren. Vor dem Servieren in die Suppe rühren oder getrennt dazu reichen.

Kuttelsuppe
İşkembe Çorbası

6-7 Stunden Kochzeit

600 g Kalbs- oder
Hammelkutteln
2 EL Margarine
1 Mokkatasse Mehl
3 Eigelb
1 Zitrone (Saft)
1 Mokkatasse Milch
1 EL Butter
2 TL scharfes Paprikapulver
5 Knoblauchzehen
1 Mokkatasse Weißweinessig

◆ Die Kutteln unter fließendem Wasser gründlich waschen und in 4 l Wasser aufsetzen, 1 EL Salz zugeben. Wenn das Ganze kocht, abschäumen. Bei schwacher Hitze zugedeckt fünf bis sechs Stunden kochen, bis die Kutteln sehr weich sind. Bleiben weniger als 2 l Brühe, mit heißem Wasser auffüllen; bleiben mehr, bei offenem Topf verdampfen lassen. Die Kutteln herausnehmen und in sehr kleine Stücke schneiden. Zurück in die Brühe geben und weitere 15 Minuten kochen.
Währenddessen in einer Kasserolle aus Margarine und Mehl eine Schwitze zubereiten und unter ständigem Rühren 3 Tassen Brühe zugießen. Diese Sauce in die Suppe geben und kurz weiterkochen.
Eigelb mit Zitronensaft und Milch gut verquirlen. Die Suppe vom Herd nehmen, diese Sauce hineingießen und umrühren.
In einer Kasserolle Butter zerlassen und Paprika einrühren. In die Suppe geben, einmal umrühren.
Knoblauch in einem Mörser zerstoßen und mit Essig gut verrühren. Zur Suppe servieren und bei Tisch nach Geschmack einrühren.

Kalbskutteln sind milder im Geschmack, Hammelkutteln wirken dafür besser gegen einen schweren Kopf.

Sommergemüse-Suppe
Yaz Sebze Çorbası

2 EL Margarine
2 längliche rote Paprikaschoten
2 l Fleischbrühe (Kalb oder Lamm)
4 Frühkartoffeln
2 mittelgroße Zucchini
200 g grüne Bohnen
100 g frische Erbsenschoten
5 mittelgroße Tomaten
2 mittelgroße Zwiebeln
4 junge Möhren
4 Knoblauchzehen
1 Bund Petersilie
½ Bund Selleriekraut
2 EL Butter
1 Bund Dill

◆ In einer Pfanne Margarine zerlassen und die Paprika anbraten. Schälen, entkernen und in kleine Stücke schneiden. Die Brühe anwärmen. Kartoffeln schälen und klein schneiden, Zucchini längs vierteln und klein schneiden. Die Bohnen putzen, längs und einmal in der Mitte teilen. Die jungen Erbsen aus den Schoten lösen. Die Tomaten kurz in kochendes Wasser tauchen, häuten und klein schneiden.
Zwiebeln, Möhren, Knoblauch, Petersilie und Selleriekraut fein schneiden und in Butter unter ständigem Rühren 5 Minuten dünsten. Die Tomaten zugeben und weiterrühren. Die warme Brühe und 1 TL Salz beifügen und langsam aufkochen. Kartoffeln, Zucchini, Bohnen, Paprika und Erbsen zugeben. Bei schwacher Hitze zugedeckt 30 bis 40 Minuten kochen, bis das Gemüse weich ist.
Den Topf vom Herd nehmen. Den Dill fein hacken, zugeben, einmal umrühren und die Suppe servieren.

Grüne Erbsensuppe
Bezelye Çorbası

850 g junge Erbsen
2 l Kalbsbrühe
2 EL Butter
6 Scheiben Weißbrot
1 Bund Petersilie

◆ Die Erbsen in 2 l Wasser zum Kochen bringen und bei schwacher Hitze zugedeckt eine Stunde kochen. Währenddessen in einem Topf die Brühe anwärmen.
Die Erbsen durch ein Sieb in die Brühe streichen, 1 TL Salz hinzufügen und unter ständigem Rühren langsam aufkochen. Den Topf vom Herd nehmen.
In einer Pfanne Butter zerlassen und das gewürfelte Weißbrot rösten. Die Petersilie klein hacken und beides zur Suppe servieren.

Weizenklößchensuppe
Blor

3 Mokkatassen Haferflocken
1 Mokkatasse Weizengrütze
2 mittelgroße Tomaten
2 mittelgroße Zwiebeln
1½ l Fleischbrühe
1 EL Butter
500 g Spinat

◆ Haferflocken, Weizengrütze, 1 Mokkalöffel Salz und 1 Mokkatasse Wasser miteinander vermischen und gut durchkneten. Aus dem Teig kirschgroße Klößchen formen.
Die Tomaten kurz in kochendes Wasser tauchen, häuten und sehr fein schneiden. Die Zwiebeln sehr fein schneiden.
Die Brühe zum Kochen bringen, vom Herd nehmen, die Klößchen hineingeben und ziehen lassen. Währenddessen in einer Kasserolle Butter zerlassen und die Zwiebeln 1 Minute dünsten. Mit Tomaten, Spinat und 1 TL Salz in die Suppe geben. Bei mittlerer Hitze 7 Minuten kochen.

Reissuppe
Pirinç Çorbası

100 g Bruchreis
2 l Fleischbrühe (Huhn oder Kalb)
3 große Tomaten
1 EL Butter
½ Bund Petersilie

◆ Den Reis waschen und die Brühe vorwärmen. Die Tomaten kurz in kochendes Wasser tauchen, häuten und sehr klein schneiden.
In einem Topf Butter zerlassen und zwei Drittel der Tomaten unter ständigem Rühren dünsten, bis sie zergehen. Die warme Brühe, 2 TL Salz und die restlichen Tomaten zugeben. Bei schwacher Hitze zugedeckt 20 Minuten kochen, bis der Reis weich ist. Vor dem Servieren mit fein gehackter Petersilie bestreuen.

Varianten
Den Bruchreis durch 100 g Fadennudeln oder 3 Mokkatassen Weizengrieß ersetzen.

Alm-Suppe
Yayla Çorbası

2 l Fleisch- oder Hühnerbrühe
80 g Bruchreis
750 g Vollfett-Joghurt
3 Eigelb
80 g Mehl
2 EL Butter
2 EL getrocknete Minzeblätter

◆ Die Brühe zum Kochen bringen. Den Reis waschen und in der Brühe 20 Minuten weich kochen. Währenddessen in einer Kasserolle Joghurt mit Eigelb und Mehl verquirlen. 4 Tassen heiße Brühe zugießen und weiterquirlen. Zurück in die Suppe geben, umrühren und 10 Minuten kochen.
In einer kleinen Pfanne Butter zerlassen und die Minze unter ständigem Rühren kurz rösten. Über die Suppe geben und servieren.

Blumenkohlsuppe
Karnabahar Çorbası

1 kg Blumenkohl
150 g Sellerie
2 EL Butter
2 EL Mehl
2 l Hühnerbrühe
2 Eigelb
2 Mokkatassen Milch
2 EL Butter
6 Scheiben Weißbrot

◆ Blumenkohl und Sellerie klein schneiden, in einem Topf mit Wasser bedecken, 2 TL Salz zugeben. Bei schwacher Hitze zugedeckt 30 Minuten kochen, bis beides sehr weich ist.
Das Gemüse durch ein Sieb abgießen, die Butter im Topf zerlassen, das Gemüse zurück in den Topf geben und unter ständigem Rühren 5 Minuten schmoren. Das Mehl unter Rühren zugeben, 1 Minute weiterrühren und den Topf vom Herd nehmen.
Die Brühe aufkochen, das Gemüse durch ein Sieb hineinstreichen und weiterkochen.
Währenddessen Eigelb und Milch verquirlen, in die Suppe geben, umrühren und vom Herd nehmen.
In einer Pfanne Butter zerlassen und das gewürfelte Weißbrot rösten. Zur Suppe servieren.

Rote-Linsen-Suppe
Kırmızı Mercimek Çorbası

350 g rote feine Linsen
2 l Fleischbrühe
2 mittelgroße Zwiebeln
2 EL Margarine
25 g Mehl
2 TL Rosenpaprika
3 Eigelb
2 Mokkatassen Milch
2 EL Butter
6 Scheiben Weißbrot

◆ Die Linsen sorgfältig auslesen, einmal waschen und in der Brühe 35 Minuten weich kochen. Die Brühe in einen anderen Topf abgießen. Die Linsen durch ein Sieb streichen und das Püree zurück in die Brühe geben.
Die Zwiebeln fein würfeln. In einer Kasserolle Margarine zerlassen und die Zwiebeln glasig dünsten. Mehl einstreuen, verrühren und kurz erhitzen. 2 Tassen heiße Brühe zugießen, kräftig umrühren und in die Suppe geben. Umrühren, mit 2 TL Salz und Paprika würzen. Die Suppe weiterkochen.
Währenddessen Eigelb und Milch verquirlen, in die Suppe gießen, umrühren und den Topf vom Herd nehmen.
In einer Pfanne Butter zerlassen und das gewürfelte Weißbrot rösten. Zur Suppe servieren.

Joghurt mit Eiercreme
Tutmaj

3 Eier
1 TL Olivenöl
600 g Vollfett-Joghurt
1 mittelgroße Zwiebel
2 EL Butter
2 TL getrocknete Minzeblätter

◆ Zwei Eier weich kochen, fein würfeln und mit dem Öl verrühren, so dass eine Creme mit kleinen Eiweißstückchen entsteht. Das dritte Ei mit dem Schneebesen schlagen und mit Joghurt verrühren. 1 TL Salz zugeben und weitere 3 Minuten schlagen. In einer großen Kasserolle den Joghurt unter ständigem Rühren aufkochen. ½ l Wasser und die Eiercreme zugeben, bei schwacher Hitze weiterkochen. Die Zwiebel sehr fein würfeln. Die Butter zerlassen und die Zwiebel 1 Minute dünsten. Minze beifügen und unter ständigem Rühren 1 Minute dünsten. In die Suppe geben, umrühren und weitere 5 Minuten kochen. Wenn die Suppe zu dick wird, etwas kochendes Wasser zugießen.

Haxensuppe
Paça Çorbası

3 Stunden Kochzeit

2 Kalbshaxen
2 Lammzungen
800 g Kalbskutteln
2 Knoblauchzehen
2 TL scharfes Paprikapulver
3 Zitronen (Saft) oder Essig

◆ Kalbshaxen, Zungen und Kutteln unter fließendem Wasser gründlich waschen. Den Knoblauch fein schneiden.
Haxen und Kutteln in 4 l Wasser aufsetzen. Wenn das Ganze kocht, abschäumen, 2 TL schwarzen Pfeffer und 1 EL Salz zugeben. Bei mittlerer Hitze zugedeckt zwei Stunden kochen. Nach einer Stunde die Zungen zugeben.
Die Haxenknochen herauslösen und die Zungenhaut abziehen. Fleisch, Zungen und Kutteln in kleine Stücke schneiden und weiterkochen, bis die Kutteln sehr weich sind.
Den Topf vom Herd nehmen und 4 EL Fett abschöpfen. In eine kleine Kasserolle geben, Paprika und Knoblauch einrühren und unter ständigem Rühren 4 Minuten erhitzen. In die Suppe geben, umrühren und servieren.
Dazu Zitronensaft oder Essig reichen, der je nach Geschmack in die Suppe gerührt werden kann.

Suppenmehl
Tarhana

am Vortag beginnen

900 g Weizengrieß
900 g Mehl
1 l Milch
5 Eier
2 l Joghurt

◆ Grieß und Mehl so in einen Topf sieben, dass sich beides gut vermischt. Milch erhitzen und unter ständigem Schlagen zugießen, bis ein dicker Brei entsteht. Quellen lassen. Währenddessen die Eier mit dem Schneebesen in den Joghurt schlagen. Nach und nach zu dem Brei geben, dabei gut durchkneten. Über Nacht ruhen lassen.
Am nächsten Morgen kleine flache Fladen zwischen den Händen formen, auf einem Leinentuch ausbreiten und in der Sonne oder im warmen Luftstrom eines Heißlüfters trocknen lassen. Immer wieder wenden, bis die Fladen trocken wie Knäckebrot sind. Zwischen den Händen zerbröseln und durch ein Metallsieb streichen. In einem Einmachglas aufbewahren.

Tarhana-Suppe
Tarhana Çorbası

2 l Fleischbrühe (Lamm oder Kalb)
2 mittelgroße Tomaten
1 EL Margarine
150 g Hackfleisch (Hammel, Rind, Lamm)
2 Mokkatassen Suppenmehl (Seite 52)
2 EL Butter
6 Scheiben Weißbrot

◆ Die Brühe anwärmen. Währenddessen die Tomaten kurz in kochendes Wasser tauchen, häuten und sehr klein schneiden. In einem Suppentopf Margarine zerlassen und das Hackfleisch anschmoren, bis der ausgetretene Saft vollständig verdampft ist. Tomaten beifügen und unter ständigem Rühren schmoren, bis sie zergehen. Die warme Brühe zugießen, nach Geschmack salzen. Nach und nach unter ständigem Rühren das Suppenmehl einstreuen und kochen, bis die Suppe andickt. Den Topf vom Herd nehmen.
In einer Pfanne Butter zerlassen und das gewürfelte Weißbrot rösten. Zur Suppe servieren.

Mehlsuppe
Un Çorbası

2 l Fleisch- oder Hühnerbrühe
2 Mokkatassen Mehl
2 EL Margarine
2 TL scharfes Paprikapulver
2 EL Butter
6 Scheiben Weißbrot

◆ Die Brühe anwärmen. Das Mehl in einen Suppentopf geben und unter ständigem Schlagen mit dem Schneebesen die Brühe langsam darüber gießen, 1 TL Salz zugeben. Einmal aufkochen und vom Herd nehmen.
In einer Kasserolle Margarine zerlassen und Paprika einrühren. In die Suppe geben, einmal umrühren.
In einer Pfanne Butter zerlassen und das gewürfelte Weißbrot rösten. Zur Suppe servieren.

Eierspeisen
Yumurtalar

Eierspeisen werden in der Türkei zum Frühstück, für den kleinen Appetit zwischendurch und bei Ausflügen zum Picknick gereicht, da sie leichte Gerichte sind, und in kurzer Zeit zuzubereiten.

Zu einem Ausflug mit der Familie oder mit Freunden ins Umland der Städte werden Zwiebeln, Peperoni und Tomaten als Proviant immer reichlich mitgenommen. Davon etwas in die Pfanne geschnitten und mit Eiern verrührt, auf dem mitgebrachten Gaskocher gebraten, ergibt ein schnell zubereitetes, leckeres Gericht.

Dieselben Gemüsearten werden dazu frisch gegessen. Danach gibt es Tee und dazu mitgebrachte Teigtaschen, die mit Gemüse gefüllt sind.

Zum Frühstück oder zwischendurch sind Varianten mit Knoblauchwurst oder Pastırma, dem hiesigen Bündnerfleisch ähnlich, oder als Schafskäseomelett sehr beliebt.

Spinatomelett im Ofen
İspanaklı Yumurta Fırında

1 kg Spinatblätter
2 mittelgroße Zwiebeln
3 EL Butter
6 Eier

◆ Den Spinat gründlich waschen, harte und weiche Blätter trennen. Die Zwiebeln fein würfeln.
In einen mittelgroßen Topf zuunterst die harten Spinatblätter geben, die weichen darauf legen. ¼ l Wasser und 1 TL Salz beifügen, zugedeckt zum Kochen bringen und 5 Minuten dämpfen. Den Topf vom Herd nehmen, den Spinat durch ein Sieb abgießen, die harten Blätter entfernen und die übrigen gut abtropfen lassen.
In dem noch heißen Topf 1 EL Butter zerlassen und die Zwiebeln glasig dünsten. Die Spinatblätter etwas ausdrücken und zugeben, 1 TL Butter, 1 Mokkalöffel schwarzen Pfeffer und 1 TL Salz darüber geben und bei schwacher Hitze ausdampfen lassen. Den Ofen auf mittlere Temperatur vorheizen. Die Eier mit dem Schneebesen 3 Minuten schlagen.
In einer Auflaufform die restliche Butter zerlassen und die Hälfte der Eier hineingeben. Den Spinat mit den Zwiebeln verrühren und so auf die Eier geben, dass die Spinatblätter flach liegen. Die restlichen Eier über den Spinat gießen und im Ofen bei mittlerer Hitze zugedeckt 15 Minuten backen. Zum Servieren in Portionen schneiden.

Auberginenomelett mit Nüssen
Kargana

2 dicke Auberginen
1 mittelgroße Zwiebel
½ Mokkatasse Pinienkerne
1 Bund Petersilie
1 EL Distelöl
250 g Hackfleisch vom Lamm (mager)
½ Mokkatasse granulierte Walnüsse
4 Eier
3 EL Butter

◆ Die Auberginen schälen und reiben, 1 EL Salz untermischen und auf einen flachen Teller geben. Einen anderen flachen Teller darauf legen und mit einem Gewicht beschweren, damit die Flüssigkeit austritt. 30 Minuten stehen lassen. Währenddessen die Zwiebel sehr fein würfeln. Die Pinienkerne klein schneiden. Die Petersilie fein hacken.
In einer Kasserolle Öl erhitzen, Zwiebel und Hackfleisch anschmoren, bis die Zwiebeln glasig sind. 1 TL Salz zufügen, einmal umrühren. Bei schwacher Hitze zugedeckt 15 Minuten dünsten.
Die Auberginen gut abtropfen lassen und mit Fleisch, Walnüssen, Pinienkernen, Petersilie, 1 Mokkalöffel schwarzem Pfeffer und einem Ei vermischen.
In einer Pfanne Butter zerlassen. Die übrigen Eier mit dem Schneebesen 3 Minuten schlagen und in die Pfanne geben. Das Auberginen-Fleisch-Gemisch zugeben. Wenn das Ei unten fest ist, das Omelett wenden und zugedeckt 10 Minuten braten, bis es – je nach Geschmack – innen fest ist.
In Portionen zerschneiden und servieren.

Pastırma mit Spiegeleiern
Pastırma Yumurtalı

2 EL Butter
200-300 g Pastırma oder Bündner Fleisch in 24 dünnen Scheiben
6 Eier
1 Bund Petersilie

◆ In einer großen Pfanne Butter zerlassen und sechs Pastırma-Scheiben in Kleeblattform hineinlegen. Sofort ein Ei darauf schlagen, eine Prise schwarzen Pfeffer über das Eigelb streuen. Zugedeckt bei mittlerer Hitze braten, bis – je nach Geschmack – das Ei fest ist. Mit dem Rest auf gleiche Weise verfahren.
Petersilienstängel dazureichen.

Verlorene Eier mit Joghurt
Çılbır

2½ EL Essig
750 g Joghurt
12 Eier
2 EL Butter
1 TL süßer Rosenpaprika

◆ 1½ l Wasser mit 2 EL Salz und Essig zum Kochen bringen. Den Joghurt schlagen.
Ein Ei in eine Kelle schlagen und vorsichtig in das kochende Wasser gleiten lassen. Je nach Wunsch, ob das Eigelb weich oder hart sein soll, 3 bis 5 Minuten kochen. Mit den übrigen Eiern auf gleiche Weise verfahren. Auf eine vorgewärmte Servierplatte geben, damit sie nicht auskühlen.
In einer Kasserolle Butter zerlassen und Paprika 2 Minuten darin verrühren. Den Joghurt über die Eier geben, mit Paprika-Butter beträufeln und sofort servieren.

Eier in Tomaten gebacken
Domates İçinde Yumurta

12 große Tomaten
¼ l Brühe
12 Eier
1 EL Butter
1 Mokkatasse geriebener Kaşar oder Schweizer Käse

◆ Am Stielansatz der Tomaten eine Kappe abschneiden. Die Tomaten mit der offenen Seite nach oben in eine feuerfeste Form setzen und die Schnittstellen mit 1 TL Salz bestreuen. Brühe zugießen und bei schwacher Hitze zugedeckt 10 Minuten kochen, bis die Tomaten beginnen weich zu werden. Den Ofen auf mittlere Temperatur vorheizen.

Mit einem Löffel die Tomaten so weit aushöhlen, dass ein Ei Platz hat. In jede Tomate eine Prise Salz streuen und ein aufgeschlagenes Ei geben. Eine Prise schwarzen Pfeffer über die Eier streuen und die Tomaten mit dem Käse verschließen. Bei mittlerer Hitze 20 Minuten backen, bis die Eier fest sind und der Käse geschmolzen ist. Sofort servieren.

Fisch
Bahklar

Die Türkei ist an drei Seiten von fischreichen Meeren umgeben. Jedes ist Lebensraum unterschiedlicher Fischsorten und jeder Fisch hat seine Saison, in der er besonders gut schmeckt. Auf den Fischmärkten und in den Meyhane, den kulinarischen Tempeln der Städte entlang der Küste, sind die Fragen nach Herkunft, Fangzeit, Größe und Fettgehalt der Fische Gegenstand heftiger Diskussionen.

Den Höhepunkt der Saison bildet die Ankunft der Palamut-Schwärme im Bosporus, des edelsten Speisefischs in der Türkei. Im lauten Treiben der Kais von Istanbul die besten Exemplare direkt aus den Fischerbooten zu ergattern wird zu einem Wettkampf um die kulinarischen Leckerbissen.

Der wahre Genießer speist Fisch auf einer Terrasse am Meer, umgeben von Freunden und Familie, begleitet von den Weisen, die der Abendwind den Zweigen der Pinien und Eukalyptusbäume entlockt. Und am besten schwimmt der Fisch in Rakı…

Tintenfisch in Rotweinsauce
Mürekkep Balığı Yahnısı

1 kg Tintenfisch
10 große Zwiebeln
2 Mokkatassen Olivenöl
2 Mokkatassen Rotwein
1 EL Korinthen
1 EL Pinienkerne

◆ Augen und Mund des Tintenfischs herausschneiden, Rückenschale und Tintenblase herauslösen. Die gelben Körnchen unten im Leib für die Sauce aufheben. Den Tintenfisch unter fließendem Wasser gründlich waschen und in daumenbreite Ringe schneiden. Die Zwiebeln in Ringe schneiden.
In einem mittelgroßen Topf Öl erhitzen und die Zwiebelringe glasig dünsten, ab und zu umrühren. Tintenfischringe, 1½ TL Salz, 5 Mokkatassen warmes Wasser und Wein zugeben, einmal umrühren und bei schwacher Hitze zugedeckt eine Stunde kochen.
Korinthen, Pinienkerne, die gelben Körnchen und 1 Mokkalöffel schwarzen Pfeffer beifügen, einmal umrühren. Bei schwacher Hitze zugedeckt kochen, bis der Tintenfisch weich ist.
Den Topf vom Herd nehmen und kalt stellen.

Große, alte Tintenfische sind zäh; kleine, junge sind weich. Ein großer Tintenfisch muss mindestens 30 Minuten stark geklopft werden.

Fisch in Papier gebacken
Balık Kağıtta

1 kg Rote Meerbarbe oder Streifenbarbe
2 EL Butter
1 Bund Petersilie
2 große Zitronen

2 große Blatt Fettpapier oder Alufolie

◆ Die Barbe ausnehmen, Schuppen entfernen, Kopf, Schwanz und Flossen abschneiden und den Fisch in zwei gleiche Stücke teilen, innen und außen salzen. Den Ofen stark vorheizen.
Das Fettpapier einseitig mit Butter einstreichen – wird Alufolie verwendet, die Butter auf dem Fisch verteilen – und den Fisch darauf legen. Petersilie hacken und darüber streuen, die Stängel unter den Fisch legen. Das Papier schließen und mit Nadeln feststecken, damit es sich beim Backen nicht öffnet.
Das Papier außen mit Wasser befeuchten. Die Taschen in den Ofen schieben und bei mittlerer Hitze 30 Minuten backen. Ein- bis zweimal mit Wasser beträufeln, damit die Butter nicht verbrennt.
Die Taschen herausnehmen und oben aufschneiden. Die Zitronen vierteln und auf den Fisch legen.

Gefüllte Makrele
Uskumru Dolması

25 g Korinthen
25 g Pinienkerne
1½ kg Makrele
(4 mittlere oder 6 kleine)
7 große Zwiebeln
1 Mokkatasse Walnüsse
1 Bund Petersilie
1 Bund Dill
2 Mokkatassen Olivenöl
1 Mokkalöffel gemahlener Zimt
4 Eier
2 Mokkatassen Sonnenblumenöl
150 g Mehl
250 g Paniermehl

◆ Korinthen und Pinienkerne in einem Schälchen mit warmem Wasser einweichen.
Die Kiemen herauslösen und die Lamellen im Fischkopf entfernen. Nacken und Schwanz brechen ohne sie abzutrennen. Den Fisch zwischen den Händen hin- und herrollen, um das Fleisch zu lockern. Dann den Fisch mit einer Hand am unteren Ende halten und mit der anderen zwischen den Fingern mehrmals vom Schwanzende zum Kopf hin drücken, damit sich das Fleisch von der Haut löst. Da die Haut der Makrelen gefüllt wird, darauf achten, dass sie nicht reißt. Die Mittelgräte herausziehen und das Fleisch nach oben durch die Kiemenöffnung drücken. Das Fleisch entgräten und sehr klein schneiden. Die Zwiebeln klein würfeln, Walnüsse, Petersilie und Dill fein hacken.
In einem mittelgroßen Topf Olivenöl erhitzen und die Zwiebeln glasig dünsten. Walnüsse, Pinienkerne, Korinthen, Zimt, 1 Mokkalöffel schwarzen Pfeffer, 1 Mokkalöffel Salz und die Fischstücke zugeben, einmal umrühren und weitere 5 Minuten dünsten. Petersilie und Dill beifügen, einmal umrühren und den Topf vom Herd nehmen. Ist die Füllung etwas abgekühlt, die Fischhäute vorsichtig damit füllen. In einem tiefen Teller die Eier schlagen.
In einer Pfanne Sonnenblumenöl stark erhitzen. Die Makrelen in Mehl, dann in Ei und zuletzt in Paniermehl wenden und unter mehrmaligem Wenden braten, bis sie hellbraun sind. Kalt stellen und kalt servieren.

Muscheltopf mit Gemüse
Midye Pilakisi

2 kg Pfahlmuscheln mit Schalen
2 große Tomaten
2 mittelgroße Zwiebeln
2 mittelgroße Möhren
1 große Kartoffel
100 g Sellerie
1 Bund Petersilie
2 Mokkatassen Olivenöl
6 Knoblauchzehen
1 TL Zucker

◆ Die Muscheln unter fließendem Wasser bürsten und in 2 l Wasser aufsetzen. Eine Tomate klein schneiden und zugeben. Die Muscheln 6 bis 8 Minuten kochen, bis sich alle geöffnet haben. Abgießen, ½ l Brühe auffangen. Das Muschelfleisch herauslösen und die Fäden abschneiden.
Die zweite Tomate kurz in kochendes Wasser tauchen, häuten und klein schneiden. Die Zwiebeln klein würfeln, die Möhren in dünne Scheiben schneiden. Kartoffel und Sellerie klein würfeln, Petersilie hacken.
In einem mittelgroßen Topf Öl erhitzen und die Zwiebeln glasig dünsten. Möhren zugeben und unter ständigem Rühren 3 Minuten dünsten.
Kartoffel, Sellerie, Knoblauchzehen, Zucker, 2 TL Salz, 2 Mokkatassen Muschelbrühe und Tomaten zugeben und bei mittlerer Hitze zugedeckt 25 Minuten kochen. Wenn nötig, etwas Muschelbrühe zugießen.
Petersilie und Muscheln zugeben, einmal umrühren und den Topf vom Herd nehmen. Kalt stellen und kalt servieren.

Muscheln gedünstet
Midye Michoug

45 mittlere Pfahlmuscheln mit Schalen
1 Mokkatasse Korinthen
1 Mokkatasse Reis
1 Mokkatasse Pinienkerne
4 große Zwiebeln
1 Mokkatasse Olivenöl
1 EL Tomatenmark
1 kleiner Kopfsalat

◆ Die Muscheln unter fließendem Wasser bürsten, in Wasser aufsetzen und kochen, bis sich alle geöffnet haben. Das Muschelfleisch herauslösen und die Fäden abschneiden. Die Korinthen in heißes Wasser geben und ziehen lassen. Den Reis waschen und abtropfen lassen. Pinienkerne klein hacken, Zwiebeln klein schneiden.
In einer großen Pfanne Öl erhitzen und die Zwiebeln glasig dünsten. Reis, Tomatenmark, 1 TL schwarzen Pfeffer, 1 TL Salz und 2 Mokkatassen Wasser unter ständigem Rühren zugeben, bei schwacher Hitze zugedeckt 10 Minuten kochen.
Die Muscheln auf den Zwiebeln verteilen. Korinthen abgießen und mit Pinienkernen zugeben. Alles dünsten, bis der Reis weich ist. Währenddessen die Salatblätter lösen, waschen und in einem Tuch trocknen. Auf einer ovalen Platte anordnen und die Muscheln mit der Sauce darüber verteilen. Kalt servieren.

Sardinen in Weinblättern gegrillt
Ateş Balığı

1 kg Sardinen
20 Weinblätter
1 Mokkatasse Olivenöl
1 große Zitrone (Saft)
1 Bund Dill

◆ Die Sardinen ausnehmen, Schuppen entfernen, indem man die Fische aneinander reibt, außen und innen mit Salz einreiben.
Die Hälfte der Weinblätter auf einen Grillrost legen und mit einem Pinsel Öl auftragen. Die Sardinen nebeneinander darauf legen. Die restlichen Weinblätter ebenfalls mit Öl bestreichen und mit der öligen Seite auf die Fische legen. Einen zweiten Grillrost darauf legen, damit man die Sardinen von beiden Seiten grillen kann, ohne dass sie beim Wenden herunterfallen – oder sie in die Weinblätter einwickeln. Die Sardinen 6 cm über der Glut 5 Minuten grillen.
Zitronensaft mit ½ Mokkatasse Öl verquirlen. Den Dill hacken. Die Sardinen vom Grill und aus den Weinblättern nehmen, mit Zitronensauce überträufeln und in Dill wenden.

Schwertfisch am Spieß
Kılıç Şiş

6 Stunden marinieren

750 g Schwertfischfilet
1 mittelgroße Zwiebel
2 Zitronen (Saft)
2 EL Olivenöl
12 Lorbeerblätter
1 Bund Petersilie

◆ Das Fischfilet in daumenlange und zweidaumenbreite Stücke schneiden und in eine Schüssel geben. Die Zwiebel in sehr dünne halbe Ringe schneiden, mit 1 TL Salz bestreuen und 5 Minuten ziehen lassen. Dann den Saft in eine kleine Schale auspressen. Den Saft einer Zitrone, 1 EL Öl, 1 TL schwarzen Pfeffer und 1 TL Salz zugeben und verquirlen. Diese Marinade über das Fischfilet gießen, die Lorbeerblätter darüber verteilen. Sechs Stunden im Kühlschrank ziehen lassen.
Die Fischstücke auf Metallspieße stecken und auf einem Holzkohlengrill 6 cm über der Glut langsam grillen. Öfter wenden und dabei mit einem Pinsel die übrig gebliebene Marinade auftragen.
Den Saft der zweiten Zitrone mit 1 EL Öl verquirlen und über den Fisch träufeln. In gehackter Petersilie wenden und warm servieren.

Schwertfisch mit Peperoni
Kılıç Balığı Yeşil Biberli

750 g Schwertfischfilet
15 frische Peperoni
2 mittelgroße Tomaten
2 große Zwiebeln
1 Knoblauchzehe
1 Mokkatasse Olivenöl

◆ Die Haut vom Fischfilet entfernen und das Filet in sechs Scheiben schneiden. Die Peperoni halbieren, entkernen und in dünne Ringe schneiden. Die Tomaten kurz in kochendes Wasser tauchen, häuten und klein schneiden. Zwiebeln klein würfeln, Knoblauch zerdrücken.
In einem mittelgroßen Topf Öl erhitzen und die Zwiebeln glasig dünsten. Tomaten zugeben und 5 Minuten dünsten, ab und zu umrühren. Peperoni, Knoblauch, 1 Mokkalöffel schwarzen Pfeffer, 1 TL Salz und die Fischfilets beifügen. 1 Mokkatasse Wasser zugießen und alles bei starker Hitze zugedeckt 12 Minuten kochen.
Den Topf vom Herd nehmen und kalt stellen.

Fischsuppe
Balık Çorbası

1 kg Fisch (Großer Drachenkopf oder Meeräsche)
2 mittelgroße Zwiebeln
3 Knoblauchzehen
1 Mokkalöffel Beifuß
1 Mokkatasse Möhren
1 Mokkatasse Sellerie
3 EL Butter
1 EL Reis
2 mittelgroße Kartoffeln
40 g Mehl
4 Eigelb
1 große Zitrone (Saft)
1 kleines Bund Petersilie

◆ Den Fisch ausnehmen, Schuppen entfernen, Kopf, Schwanz und Flossen abschneiden. Den Fisch mit Kopf, Schwanz und Flossen, eine ganze Zwiebel und Knoblauch in 1 l Wasser aufsetzen, Beifuß und 1 EL Salz zugeben. Wenn das Ganze kocht, abschäumen. Bei mittlerer Hitze zugedeckt 25 Minuten kochen. Währenddessen Möhren, Sellerie und die zweite Zwiebel putzen und klein würfeln.
Das Fischfleisch herausnehmen und auf einen Teller legen. Die Brühe durch ein grobes Sieb in einen zweiten Suppentopf gießen und zurück auf den Herd stellen. Nach und nach Möhren, Sellerie, Zwiebel, Butter und Reis beifügen, 2 Mokkatassen lauwarmes Wasser zugießen. Bei schwacher Hitze zugedeckt 20 Minuten kochen.
Die Kartoffeln schälen, klein schneiden und zugeben. Alles weitere 20 Minuten kochen.
Den Fisch häuten, entgräten, klein schneiden und in die Suppe geben. Mehl, Eigelb und Zitronensaft gut verquirlen, 1 Mokkatasse Wasser zugießen, nochmals verquirlen. In die Suppe geben, einmal aufkochen, dabei mehrmals langsam umrühren. Den Topf vom Herd nehmen.
Vor dem Servieren mit fein gehackter Petersilie bestreuen.

Fischtopf mit Gemüse
Balık Pilâkisi

2 mittelgroße Zwiebeln
2 Mokkatassen Olivenöl
2 mittelgroße Tomaten
200 g Sellerie
2 mittelgroße Möhren
5 Knoblauchzehen
1 kg Rotbarsch, Meeräsche und Bonito
3 kleine Kartoffeln
1 Bund Petersilie
1 große Zitrone (Saft)

◆ Die Zwiebeln in dünne halbe Ringe schneiden. In einer Kasserolle 1 Mokkatasse Öl erhitzen und die Zwiebelringe glasig dünsten. 6 Mokkatassen warmes Wasser zugießen und bei mittlerer Hitze zugedeckt 20 Minuten kochen.
Die Tomaten kurz in kochendes Wasser tauchen, häuten und klein schneiden. Sellerie und Möhren putzen und grob würfeln, Knoblauch fein hacken. Alles in einen großen Topf geben. Die Zwiebelsauce durch ein feines Sieb dazustreichen. Bei mittlerer Hitze zugedeckt 20 Minuten kochen.
Währenddessen die Fische ausnehmen, putzen, Köpfe, Schwänze und Flossen abschneiden und das Fleisch in zweidaumenbreite Scheiben schneiden. Die Kartoffeln schälen und würfeln. Alles zum Gemüse geben, das restliche Öl sowie 2 TL Salz beifügen und bei mittlerer Hitze zugedeckt 20 Minuten kochen.
Die Petersilie fein hacken. Den Topf vom Herd nehmen, mit Zitronensaft beträufeln, mit Petersilie bestreuen und warm servieren. Oder das Gericht kalt stellen und kalt servieren.

Pfaffen-Fischragout
Balık Papaz Yahnısı

2 mittelgroße Möhren
7 große Zwiebeln
7 Knoblauchzehen
2 Mokkatassen Olivenöl
½ Mokkatasse Tomatenmark
2 Mokkalöffel scharfes Paprikapulver
1 kg Bonito, Knurrhahn oder Makrele

◆ Die Möhren längs halbieren, die Zwiebeln in halbe Ringe schneiden, den Knoblauch halbieren. In einem mittelgroßen Topf Öl erhitzen und die Zwiebelringe glasig dünsten. Knoblauch zugeben und unter häufigem Rühren braten, bis die Zwiebeln braun sind. Tomatenmark einrühren, 4 Mokkatassen warmes Wasser, Paprika und 1 TL Salz beifügen und alles bei mittlerer Hitze zugedeckt 20 Minuten kochen.
Währenddessen den Fisch ausnehmen, Schuppen entfernen, Kopf, Schwanz und Flossen abschneiden und den Fisch in zweifingerbreite Scheiben schneiden. Mit 1 TL Salz in die Sauce geben und bei mittlerer Hitze zugedeckt 12 Minuten kochen. Den Topf vom Herd nehmen, kalt stellen und kalt servieren.

Geflügel
Tavuk Yemekleri

Geflügelgerichte erfordern einen hohen Aufwand bei der Zubereitung, deswegen werden sie in der Türkei auch besonders gewürdigt. Um Austrocknen oder Geschmacksverlust zu vermeiden, sollte man die Haut des Fleischs vorher mit einer Marinade aus Olivenöl und Gewürzen einreiben. Rosenpaprika, Muskat, Kimyon oder Zimt sorgen zusätzlich für eine appetitliche Bräune.

Für die Weiterverarbeitung von gekochtem Hähnchenfleisch zur Süßspeise (zum Beispiel Reispudding mit Hähnchenbrust: Seite 186) empfiehlt es sich, etwas Zitronensaft zum Wasser zu geben, um den Geschmack des Hühnerfetts zu mildern.

Huhn auf tscherkessische Art
Çerkez Tavuğu

1 großes Suppenhuhn
2 mittelgroße Zwiebeln
1 Möhre
3 Scheiben trockenes Weißbrot
375 g Walnüsse
1 EL süßer Rosenpaprika

◆ Das Huhn ausnehmen und waschen. Mit einer ganzen Zwiebel, der grob zerschnittenen Möhre in 2 l Wasser aufsetzen, 1½ TL Salz zugeben. Wenn das Ganze kocht, abschäumen. Bei mittlerer Hitze zugedeckt eine Stunde kochen, bis sich das Hühnerfleisch vom Knochen lösen lässt.
Währenddessen das entrindete Brot in lauwarmem Wasser einweichen. Die Walnüsse in einem Mörser fein zerstoßen. Die zweite Zwiebel sehr fein würfeln.
Das Brot ausdrücken und in einer Schüssel mit Zwiebel, Walnuss-Mus, Paprika und 1½ TL Salz vermischen, 5 Minuten gründlich durchkneten. Die Masse durch ein Haarsieb streichen. Den erhaltenen Saft in eine Mokkatasse füllen. Entsteht mehr Saft, ihn wieder unterkneten. Die Masse mit 6 Mokkatassen Hühnerbrühe in einer Kasserolle mit dem Schneebesen schlagen, bis beides vollständig vermischt ist. Warm stellen.
Das Hühnerfleisch von den Knochen lösen und in halbfingerdicke Teile würfeln. Die Hälfte der warm gestellten Sauce untermischen und das Ragout auf einen Servierteller geben. Den Rest der Sauce darüber gießen und vor dem Servieren mit Walnuss-Zwiebel-Saft beträufeln.

Hähnchen im Keramiktopf
Piliç Güveci

300 g Ayşekadın oder grüne Bohnen
2 kleine Auberginen
100 g Okraschoten
1 mittelgroße Zucchini
3 kleine Hähnchen
3 EL Sonnenblumenöl
2 mittelgroße Zwiebeln
2 frische dunkle, scharfe Peperoni
2 kleine Paprikaschoten
2 EL Butter
2 große Tomaten

◆ Die Bohnen putzen und halbieren. Die Auberginen schälen, längs halbieren und quer in daumenbreite Scheiben schneiden. In einer Schüssel 1 EL Salz in ½ l Wasser verrühren und die Auberginen 30 Minuten darin ziehen lassen. Die Okraschoten köpfen und in Wasser legen. Die Zucchini mit einem scharfen Messerrücken abschaben, entstielen, längs vierteln, in daumenbreite Scheiben schneiden und in Salzwasser legen. Die Hähnchen ausnehmen, waschen und in sechs Teile zerlegen.
In einem flachen Topf Öl erhitzen und die Hähnchenteile von allen Seiten anbraten. Bei mittlerer Hitze zugedeckt 20 Minuten braten, einmal wenden.
Währenddessen die Auberginenscheiben leicht ausdrücken und auf saugfähiges Papier legen. Zwiebeln, Peperoni und Paprika in dünne Ringe schneiden. In einer Pfanne Butter zerlassen und die Bohnen 2 Minuten anbraten. Mit einer Schaumkelle herausnehmen und in einen großen Keramiktopf legen. Zucchini, Okraschoten und Zwiebeln darüber geben. Die Auberginen in der Pfanne leicht braun braten und darauf geben. Paprika und Peperoni darüber verteilen. Die Hähnchen auf das Gemüse geben. Die Tomaten in fingerdicke Scheiben schneiden und auf das Hähnchen legen. 1½ TL Salz darüber streuen, 4 Mokkatassen warmes Wasser zugießen und zuletzt mit der Bratensauce der Hähnchen übergießen. Im Ofen bei mittlerer Hitze zugedeckt 90 Minuten backen.

Huhn im Teigblatt
Yufka İçinde Tavuk

1 junges Huhn (800 g)
2 EL Sonnenblumenöl
4 mittelgroße Zwiebeln
2 mittelgroße Tomaten
6 EL Margarine
12 Blatt Fertigteig

◆ Das Huhn ausnehmen, waschen und in sechs Teile zerlegen. In einer Pfanne Öl stark erhitzen und das Fleisch von allen Seiten 8 Minuten anbraten. Die Pfanne vom Herd nehmen.
Die Zwiebeln in dünne halbe Ringe schneiden. Die Tomaten kurz in kochendes Wasser tauchen, häuten, entkernen und sehr klein schneiden.
Das Öl aus der Pfanne in einem flachen Topf erhitzen und die Zwiebelringe glasig dünsten. Tomaten, 1 Mokkalöffel schwarzen Pfeffer und 2 TL Salz zugeben, einmal umrühren. Die Huhnteile beifügen, nach und nach 4 Mokkatassen warmes Wasser zugießen. Bei mittlerer Hitze zugedeckt eine Stunde kochen, bis das Fleisch sich leicht von den Knochen lösen lässt. Den Topf vom Herd nehmen und abkühlen lassen.
Währenddessen in einer Kasserolle Margarine zerlassen. Sechs Teigblätter mit einem Pinsel einseitig mit Margarine einstreichen. Auf jedes Blatt ein nicht bestrichenes legen und dieses zur Hälfte mit Margarine bestreichen. Die bestrichene Hälfte auf die nicht bestrichene falten.
Das Huhn aus dem Topf nehmen. Das Fleisch von den Knochen lösen, in halbfingerdicke Stücke schneiden, zurück in den Topf geben und mit der Sauce vermischen. Den Ofen auf mittlere Temperatur vorheizen. Ein Blech mit Margarine einstreichen. Die Teigblätter darauf legen, den Kebab in die Mitte geben und durch Umklappen der Seiten zu viereckigen Teigtaschen verschließen. Die Oberseite mit Margarine bestreichen. Bei mittlerer Hitze 20 Minuten backen.
Warm servieren.

Hähnchen in Auberginen gedünstet

Piliç Patlıcanlı

2 große Auberginen
3 kleine Hähnchen
3 EL Sonnenblumenöl
2 große Tomaten
2 Paprikaschoten
2 EL Butter

◆ Die Auberginen schälen, längs halbieren und quer in daumenbreite Scheiben schneiden. In einer Schüssel in 2 EL Salz wenden, bis sie rundum gut gesalzen sind, und 30 Minuten ziehen lassen. Währenddessen die Hähnchen ausnehmen, waschen, innen und außen mit 1 TL Salz einreiben, die Beine hinten zusammenbinden. In einem mittelgroßen Topf Öl erhitzen und die Hähnchen von allen Seiten anbraten. Bei mittlerer Hitze zugedeckt 20 Minuten weiterbraten, dabei alle 5 Minuten drehen. Währenddessen die Tomaten kurz in kochendes Wasser tauchen, häuten und klein schneiden. Die Paprika entstielen, entkernen und längs vierteln. Die Auberginenscheiben leicht ausdrücken und auf saugfähiges Papier legen. Die Hähnchen aus dem Topf nehmen und warm stellen. In der Bratensauce der Hähnchen die Tomaten unter ständigem Rühren dünsten, bis sie zergehen. Den Topf vom Herd nehmen.
In einer Pfanne Butter zerlassen und die Auberginen braten, bis sie leicht bräunlich sind. Mit einer Schaumkelle herausnehmen und in die Tomatensauce geben. Die Paprika in derselben Butter von beiden Seiten anbraten und zu den Auberginen geben, einmal umrühren. Die Hähnchen beifügen, die Butter aus der Pfanne darüber gießen. Bei mittlerer Hitze zugedeckt 40 Minuten dünsten.
Nach 20 Minuten im Abstand von 5 Minuten insgesamt 3 Mokkatassen warmes Wasser zugießen, dabei die Hähnchen wenden.
Halbieren, mit Sauce übergießen und servieren.

Hähnchen auf iranische Art
İran Usulü Piliç

am Vortag beginnen

- 3 Mokkatassen iranischer Amber-bû-Reis oder Basmati
- 2 mittelgroße Auberginen
- 3 EL Sonnenblumenöl
- 3 EL Butter
- 3 kleine Hähnchen
- 2 kleine Tomaten

◆ In einer Schüssel 2 EL Salz in 1½ l heißem Wasser verrühren und den Reis über Nacht 15 Stunden einweichen.
Am nächsten Tag mehrmals unter fließendem Wasser waschen, abtropfen lassen. In 1½ l Wasser aufsetzen, 1 EL Salz zugeben und nach dem Aufwallen 12 Minuten kochen.
Währenddessen die Auberginen schälen, längs halbieren und in daumenbreite Scheiben schneiden. In einem mittelgroßen Topf Öl erhitzen und die Auberginenscheiben braten, bis sie leicht bräunlich sind. Mit einer Schaumkelle herausnehmen, abtropfen lassen und warm stellen. Das Öl aufbewahren. Den Reis abgießen, in eine Kasserolle geben, Butter und Auberginenscheiben beifügen. Bei schwacher Hitze zugedeckt eine Stunde ziehen lassen.
Die Hähnchen ausnehmen, waschen, innen und außen mit 1 TL Salz einreiben, die Beine hinten zusammenbinden. Das im Topf verbliebene Öl erhitzen und die Hähnchen von allen Seiten anbraten. Bei mittlerer Hitze zugedeckt 20 Minuten braten, dabei alle 5 Minuten drehen. Die Tomaten kurz in kochendes Wasser tauchen, häuten und klein schneiden.
Die Hähnchen herausnehmen. Die Tomaten in den Topf geben und dünsten. Die Hähnchen in sechs Teile zerlegen, auf die Tomaten geben und bei mittlerer Hitze zugedeckt weitere 30 Minuten dünsten. Im Abstand von 10 Minuten insgesamt 2 Mokkatassen heißes Wasser zugießen.
Den Auberginenreis vom Herd nehmen, einmal umrühren und auf eine Servierplatte geben. Die Hähnchenteile darauf legen und die Tomaten durch ein Sieb darüber streichen.

Hähnchen in Tomaten gedünstet
Domatesli Piliç

3 kleine Hähnchen
1 Mokkalöffel süßer Rosenpaprika
3 EL Sonnenblumenöl
3 große Tomaten
1 EL Butter

◆ Die Hähnchen ausnehmen, waschen, innen und außen mit 2 TL Salz und Rosenpaprika einreiben, die Beine hinten zusammenbinden. In einem flachen Topf Öl erhitzen und die Hähnchen von allen Seiten anbraten. Bei mittlerer Hitze zugedeckt 20 Minuten weiterbraten, dabei alle 5 Minuten drehen.
Währenddessen die Tomaten kurz in kochendes Wasser tauchen, häuten und klein schneiden. Mit der Butter zu den Hähnchen geben und bei mittlerer Hitze zugedeckt 40 Minuten dünsten.
Nach 20 Minuten im Abstand von 5 Minuten insgesamt 3 Mokkatassen warmes Wasser zugießen, dabei die Hähnchen wenden. Die Hähnchen herausnehmen, in der Mitte teilen und auf eine Servierplatte legen. Mit der im Topf verbliebenen Sauce übergießen und warm servieren.
Beilage: Auberginenmus (Seite 114)

Hühnerleber gebraten
Tavada Tavuk Ciğeri

2 mittelgroße Tomaten
1 kleine Zwiebel
1 EL Butter
1 Mokkalöffel Zucker
250 g junge Erbsen
250 g Hühnerleber, Herz und Magen
1 Mokkalöffel scharfes Paprikapulver
2 EL Sonnenblumenöl

◆ Die Tomaten kurz in kochendes Wasser tauchen, häuten, entkernen und sehr klein schneiden. Die Zwiebel fein würfeln.
In einer Kasserolle Butter zerlassen und die Zwiebel glasig dünsten. Tomaten, Zucker, 1 Mokkalöffel schwarzen Pfeffer und 1 TL Salz zugeben und unter ständigem Rühren kochen, bis die Tomaten zergehen. Die Kasserolle vom Herd nehmen und warm stellen. Die Erbsen in ½ l Wasser 10 Minuten kochen, vom Herd nehmen und warm stellen. Die Hühnerleber in walnussgroße Stücke schneiden, Herzen und Mägen halbieren. Mit 1 Mokkalöffel Salz und Paprika bestreuen. In einer kleinen Pfanne Öl erhitzen und die Hühnerteile 10 Minuten braten, ab und zu umrühren.
Die Erbsen mit der Tomatensauce übergießen und mit der Leber servieren.

Fleisch
Et Yemekleri

Fleischgerichte sind in der Türkei Speisen mit kräftigem Geschmack. Ob gebraten, gegrillt oder geschmort, der Gaumengenuss entsteht durch den Einsatz ausgesuchter Zutaten.

Für Hackfleischgerichte empfiehlt es sich, nach Zugabe der Kräuter und Gewürze die Masse mehrere Stunden an einem kühlen Ort abgedeckt ziehen zu lassen, damit sich der Geschmack entfalten kann. Die Zugabe von etwas Olivenöl verhindert, dass das Hackfleisch beim Braten zu trocken wird.

Bei der Wahl der Kräuter sind Mischungen eher zu vermeiden, da die Aromen sich gegenseitig abschwächen. Also entweder Rosmarin oder Thymian …

Das Einlegen in kaltgepresste Speiseöle, Gewürze und Kräuter verhilft Fleischgerichten zu einem noch edleren Geschmack.

Eine raffinierte Variante für fettes Hammel- oder Lammfilet ist es, das Fleisch über Nacht in Granatapfelessig einzulegen. Das feine fruchtig-säuerliche Aroma, das beim Braten entsteht, ist eine wahre Gaumenfreude; zudem wird das Fett bekömmlicher.

Köfte aus gemischtem Hack und Reis
Kadınbudu Köfte

2 große Zwiebeln
1½ EL Margarine
1 Mokkatasse Reis
500 g Hackfleisch ohne Fett
250 g Hackfleisch mit Fett
4 Eier
4 EL Pflanzenöl

◆ Die Zwiebeln sehr fein würfeln. In einer Kasserolle Margarine zerlassen und die Zwiebeln unter ständigem Rühren glasig dünsten. Reis, 2 TL Salz und 3 Mokkatassen warmes Wasser zugeben und bei mittlerer Hitze zugedeckt 10 Minuten kochen. Die Kasserolle vom Herd nehmen und abkühlen lassen.
Währenddessen die beiden Fleischsorten gut vermischen und 5 Minuten kneten. Die Hälfte unter ständigem Rühren scharf anbraten, bis der ausgetretene Saft vollständig verdampft ist. Vom Herd nehmen, die andere Hälfte zugeben und 5 Minuten kneten. Zwei Eier, 1 Mokkalöffel schwarzen Pfeffer, Salz und den Zwiebelreis beifügen, 10 Minuten gut durchkneten.
Die Hände anfeuchten, hühnereigroße Mengen zu daumengroßen Röllchen formen und zu ovalen Bouletten flach drücken.
In einer Pfanne Öl erhitzen. In einem tiefen Teller zwei Eier mit der Gabel schlagen. Die Köfte darin wenden und ins heiße Öl geben. Von beiden Seiten braten, bis sie schön braun sind.

Trockene Köfte
Kuru Köfte

2 Scheiben trockenes Brot
1 Bund Petersilie
2 mittelgroße Zwiebeln
500 g Hackfleisch vom Hammel ohne Fett
250 g Hackfleisch vom Hammel mit Fett
2 Eier
4 EL Pflanzenöl

◆ Das entrindete Brot klein brechen und in lauwarmem Wasser einweichen. Die Petersilie sehr fein hacken. Die Zwiebeln reiben. Das Brot ausdrücken.
Die beiden Fleischsorten, Brot, Zwiebeln, Petersilie, Eier, 1 TL schwarzen Pfeffer und 1 TL Salz vermischen, 10 Minuten gründlich durchkneten. Die Hände anfeuchten und walnussgroße Mengen zu daumenlangen, fingerdicken Röllchen formen.
Öl erhitzen und die Köfte braun braten.

Köfte auf Harpurter Art
Harput Köftesi

am Vortag beginnen

300 g Hackfleisch vom Lamm ohne Fett
2 Mokkatassen Weizenschrot
1 l Fleischbrühe (Lamm oder Hammel)

für die Füllung:
4 mittelgroße Zwiebeln
1 kleines Bund frische Minze
1 Bund Petersilie
1 kleines Bund Fenchelkraut
2 frische dunkle, scharfe Peperoni
200 g Hackfleisch vom Lamm mit Fett (Schulter)
1 Mokkalöffel »Vier Gewürze«
2 EL Walnüsse
1 TL gemahlener Zimt
1 Mokkalöffel Rosenpaprika
1 Mokkalöffel Salz
1 Mokkalöffel schwarzer Pfeffer

◆ Für die Füllung die Zwiebeln fein würfeln. Minze, Petersilie und Fenchel fein hacken. Die Peperoni halbieren, entkernen und fein würfeln. Ein Viertel von jedem für die Köfte zur Seite stellen, mit etwas Wasser bespritzen und im Kühlschrank aufbewahren.
In einer Pfanne das Fleisch bei schwacher Hitze unter ständigem Rühren schmoren, bis das Fett ausgelassen ist. Die Zwiebeln zugeben, umrühren und bei schwacher Hitze zugedeckt 20 Minuten dünsten. Alle übrigen Zutaten beifügen, umrühren und weitere 10 Minuten dünsten. Über Nacht kühl stellen.
Am nächsten Tag für die Köfte das Hackfleisch mit Weizenschrot, den Zwiebeln und Kräutern sowie 1 Mokkalöffel Salz vermischen und 20 Minuten gut durchkneten. Zwischen den Händen walnussgroße Kügelchen formen, mit dem Finger ein Loch bohren und vorsichtig erweitern, so dass Platz für die Füllung entsteht. Die kalte Füllung hineingeben und durch Streichen mit dem Finger die Öffnung verschließen.
Die Brühe erhitzen und die Köfte 10 Minuten darin ziehen lassen. Mit einer Schaumkelle herausnehmen.

Köfte vom Spieß
Şiş Köfte

2 mittelgroße Zwiebeln
400 g Hackfleisch vom Hammel ohne Fett
350 g Hackfleisch vom Hammel mit Fett
1 Ei
1 TL Thymian

flache Metallspieße (10 cm)

◆ Die Zwiebeln reiben. Die beiden Fleischsorten, Zwiebeln, Ei, Thymian, 1 TL schwarzen Pfeffer und 1 TL Salz vermischen, 10 Minuten gründlich kneten. Hühnereigroße Mengen auf die Spieße drücken – je Spieß drei – und grillen, bis die Köfte von allen Seiten braun sind.

Köfte auf Schäferart
Çoban Köfte

3 Scheiben trockenes Weißbrot
3 große Tomaten
12 Knoblauchzehen
1 Bund Petersilie
2 kleine Zwiebeln
400 g Hackfleisch vom Hammel ohne Fett
200 g Hackfleisch vom Hammel mit Fett
1 Ei
2½ EL Margarine

◆ Das entrindete Brot in lauwarmem Wasser einweichen. Die Tomaten klein schneiden. Den Knoblauch in einem Mörser zerdrücken. Die Petersilie fein hacken. Den Ofen auf mittlere Temperatur vorheizen. Das Brot ausdrücken. Die Zwiebeln reiben.
Die beiden Fleischsorten, Brot, Zwiebeln, Petersilie, Ei, Knoblauch, 1 TL schwarzen Pfeffer und 1 TL Salz vermischen, 10 Minuten gründlich durchkneten. Die Hände anfeuchten, walnussgroße Mengen zu kleinen Kügelchen rollen und flach drücken. Ein Blech mit Margarine einstreichen und die Köfte darauf dicht nebeneinander anordnen. Die Tomaten darüber verteilen und die Köfte bei mittlerer Hitze 30 Minuten backen, bis sie schön braun sind.

Köfte in Tomatensauce
İzmir Köfte

3 Scheiben trockenes Weißbrot
2 große Tomaten
1 Bund Petersilie
1 große Zwiebel
600 g Hackfleisch vom Hammel
2 Eier
1½ EL Margarine
3 EL Pflanzenöl

◆ Das entrindete Brot in lauwarmem Wasser einweichen. Die Tomaten kurz in kochendes Wasser tauchen, häuten und sehr klein schneiden. Die Petersilie fein hacken. Die Zwiebel fein würfeln. Das Brot ausdrücken.
Fleisch, Brot, Zwiebel, Petersilie, Eier, 1 Mokkalöffel schwarzen Pfeffer und 2 TL Salz vermischen und 10 Minuten gründlich kneten. Die Hände anfeuchten und walnussgroße Mengen zu daumengroßen Röllchen formen.
In einer Kasserolle Margarine zerlassen und die Tomaten unter ständigem Rühren 5 Minuten schmoren, bis sie zergehen.
In einer tiefen Schmorpfanne Öl erhitzen und die Köfte scharf, aber kurz von allen Seiten anbraten. Tomatensauce und 4 Mokkatassen Wasser zugießen. Bei mittlerer Hitze zugedeckt 20 Minuten kochen.

Köfte mit Kimyon gebacken
Kimyonlu Sahan Köftesi

3 Scheiben trockenes Weißbrot
3 große Tomaten
6 Knoblauchzehen
1 Bund Petersilie
2 kleine Zwiebeln
400 g Hackfleisch vom Lamm ohne Fett
200 g Hackfleisch vom Lamm mit Fett
1 Ei
1 EL Kimyon
3½ EL Margarine

◆ Das entrindete Brot in lauwarmem Wasser einweichen. Die Tomaten kurz in kochendes Wasser tauchen, häuten und sehr klein schneiden. Den Knoblauch in einem Mörser zerdrücken. Die Petersilie fein hacken. Das Brot ausdrücken. Die Zwiebeln reiben.
Die beiden Fleischsorten, Brot, Zwiebeln, Petersilie, Knoblauch, Ei, Kimyon, 1 Mokkalöffel schwarzen Pfeffer und 1 TL Salz vermischen, 10 Minuten gründlich durchkneten. Die Hände anfeuchten, walnussgroße Mengen zu kleinen Kügelchen rollen und flach drücken. Ein rundes Kupfer- oder Messingblech mit 1½ EL Margarine einstreichen und die Köfte darauf verteilen. Den Ofen auf mittlere Temperatur vorheizen.
In einer Kasserolle die restliche Margarine zerlassen und die Tomaten unter ständigem Rühren 5 Minuten dünsten, bis sie zergehen. Diese Sauce über die Köfte verteilen.
In den Ofen schieben, nach und nach ½ l warmes Wasser darüber gießen. Mit einem großen Deckel oder Alufolie dicht verschließen und bei mittlerer Hitze 30 Minuten dünsten. Dann den Deckel abnehmen und bei starker Hitze weitere 10 Minuten braun backen.

▲ Kurdische Nomadin vor ihrem Zelt beim Berg Ararat. Sie rollt Teig für ein Fladenbrot aus.

▲ Weite Teile der Türkei sind von kargen Landschaften geprägt – hier die Region um die Stadt Hakkari an der türkisch-irakischen Grenze.

▲ Frühstück in einem Dorf am Mittelmeer: frische Basilikum- und Pfefferminzblätter auf Schafskäse, Eier, Oliven und hausgemachte Marmelade.

▲ Straßenszene in Iğdır an der türkisch-armenisch-iranischen Grenze: Ein Junge verkauft frische Lauchzwiebeln.

▲ In den engen Gassen um den ägyptischen Basar von Istanbul.

▲ Das Şark Kahvesi (Café des Ostens) am Goldenen Horn in Istanbul, zwischen 1940 und 2001 ein Treffpunkt der nach Istanbul eingewandernden Landbevölkerung. Auf dem Straßenverkaufsstand werden salzige Sesamringe und süße Oblatenkuchen angeboten.

▲ Artischocken und Möhren ergeben, mit Olivenöl zubereitet, eine köstliche Gemüsebeilage.

▲ Traditionelle Mürbeteigpasteten sind beispielsweise mit Käse gefüllt.

Köfte mit saurer Sauce
Terbiyeli Sulu Köfte

1 Mokkatasse Reis
1 Bund Petersilie
1 Bund Dill
1 große Zwiebel
250 g Hackfleisch vom Hammel mit Fett
1 EL Margarine
2 Eigelb
1 Zitrone (Saft)
100 g Joghurt

◆ Den Reis in ½ l Wasser 10 Minuten kochen. Petersilie und Dill sehr fein hacken.
Den Reis durch ein Sieb abgießen. Die Zwiebel reiben. Fleisch, Reis, Zwiebel, 1 Mokkalöffel schwarzen Pfeffer und 2 TL Salz vermischen, 5 Minuten gründlich durchkneten. Die Hände anfeuchten und walnussgroße Mengen zu runden Bällchen formen. Auf ein Blech legen, Petersilie darüber streuen und das Blech in runden Bewegungen hin und her schütteln, bis die Köfte rundum mit Petersilie bedeckt sind.
Die Köfte in einen mittelgroßen Topf geben, 5 Mokkatassen Wasser, Margarine und 1 TL Salz beifügen und bei mittlerer Hitze zugedeckt 20 Minuten kochen. Währenddessen Eigelb, Zitronensaft, Joghurt und 1 Mokkatasse Wasser verquirlen.
Den Topf vom Herd nehmen, etwas abkühlen lassen und die Sauce unter vorsichtigem Rühren zugießen.
Vor dem Servieren mit Dill bestreuen.

Köfte aus gemischtem Hack, Reis und Käse
Piknik Kadınbudu Köfte

2 Mokkatassen Reis
4 mittelgroße Zwiebeln
1 Bund Petersilie
1 Bund Dill
400 g Hackfleisch vom Lamm ohne Fett
200 g Hackfleisch vom Lamm mit Fett
2 TL Thymian
1 Mokkatasse gehobelter Kaşar oder trockener Schweizer Käse
4 EL Pflanzenöl
100 g Mehl
2 Eier

◆ Den Reis waschen und in 4 Mokkatassen Wasser 10 Minuten kochen. Die Zwiebeln sehr fein würfeln. Petersilie und Dill sehr fein hacken.
Die beiden Fleischsorten, Zwiebeln, Reis, Petersilie, Dill, Thymian, 1 TL schwarzen Pfeffer, 1 TL Salz und den Käse vermischen, 10 Minuten gründlich kneten. Die Hände anfeuchten, hühnereigroße Mengen zu daumengroßen Röllchen formen und zu ovalen Bouletten flach drücken.
In einer Pfanne Öl erhitzen. Das Mehl auf einen flachen Teller streuen. In einem tiefen Teller die Eier mit der Gabel schlagen. Die Köfte erst in Mehl wälzen, dann in Ei wenden und sofort ins Öl geben. Von beiden Seiten braten, bis sie schön braun sind.

Roh geknetetes, scharfes Hackfleisch
Çiğ Köfte

600 g feine Weizengrütze
2 mittelgroße Zwiebeln
3 Bund Petersilie
1 Bund Lauchzwiebeln
7 frische Peperoni
600 g Hackfleisch ohne Fett (Lammkeule, ganz frisch, mehrmals durchgedreht)
1 EL süßer Rosenpaprika
1 TL schwarzer Pfeffer
1 Mokkalöffel Cayennepfeffer

◆ Die Weizengrütze in 1 l Wasser mit 2 EL Salz 15 Minuten einweichen, mehrmals umrühren und mit kaltem Wasser spülen. Die Zwiebeln sehr fein würfeln. 2 Bund Petersilie sehr fein hacken. Eine Stange Lauchzwiebeln in sehr dünne Ringe schneiden. Eine Peperoni halbieren, entkernen und sehr fein hacken. Das zerkleinerte Gemüse in eine Schüssel geben, mit 1 TL Salz bestreuen und gut vermischen. Eine mittelgroße Schüssel mit warmem Wasser bereitstellen.
Das Fleisch mit 1 Mokkalöffel Salz bestreuen, eine Hand voll Weizengrütze und einen Teil der Gewürze zugeben, alles 15 Minuten gründlich verkneten. Zwischendurch öfter die Hände ins warme Wasser tauchen.
Etwas zerkleinertes Gemüse und eine Hand voll Weizengrütze zugeben, alles weitere 15 Minuten kneten. Dabei eine Prise Salz und weitere Gewürze zugeben, zwischendurch öfter die Hände ins warme Wasser tauchen.
Mit dem Kneten und Drücken fortfahren, bis alle Zutaten aufgebraucht sind und die Weizengrütze weich ist, mit Salz abschmecken.
Die Portionen auf Servierteller verteilen, mit restlichen, unzerkleinerten Lauchzwiebeln, Peperoni und Petersilienstängeln garnieren.
Beilagen: Brotfladen (Pide); mit Wasser verdünnter, leicht gesalzener Joghurt (Seite 210)

Hackfleisch auf Fladenbrot
Lahmacun

3 große Tomaten
3 mittelgroße Zwiebeln
2 Bund Petersilie
600 g Hackfleisch vom Hammel ohne Fett
150 g gehacktes Schwanzfett vom Hammel
1 Mokkalöffel granulierte Chilischote
40 g frische Hefe
1 kg Weizenmehl

◆ Die Tomaten kurz in kochendes Wasser tauchen, häuten, entkernen und sehr klein schneiden. Zwiebeln und Petersilie sehr fein hacken. Alles mit Fleisch, Fett, Chili und 1 TL Salz vermischen, 20 Minuten gründlich kneten. Ziehen lassen.
Die Hefe in eine Schüssel krümeln, 45 g Salz und 650 ml Wasser zugeben und gut umrühren, bis sich die Hefe aufgelöst hat. Nach und nach unter ständigem Rühren das Mehl zugeben und 10 Minuten kneten. Die Schüssel mit einem angefeuchteten dicken Tuch zudecken und an einem warmen Ort 30 Minuten gehen lassen.
Den Teig in zwölf Stücke teilen, jedes auf der Tischplatte unter dem Handballen kräftig weiterkneten und zu Bällchen rollen. Diese zurück in die Schüssel geben und zugedeckt weitere 30 Minuten gehen lassen.
Die Bällchen flach drücken und 1 mm dick ausrollen. Den Ofen stark vorheizen. Die Teigblätter mit dem Hackfleisch dünn, aber gut deckend einstreichen. Im Ofen bei starker Hitze 5 bis 6 Minuten backen.

Scharfes Hackfleisch
Erishkiki-Metch

500 g Hackfleisch vom Rind ohne Fett
1 zerdrückte Knoblauchzehe
1 Mokkalöffel Kimyon
1 Mokkalöffel Rosenpaprika
1 Mokkalöffel Çemen-Gewürz
1 Mokkalöffel schwarzer Pfeffer
½ Mokkalöffel Cayennepfeffer
1 TL Salz
2 EL Tomatenmark

◆ Das Fleisch mit allen Gewürzen (bis auf das Tomatenmark) gut vermischen und 10 Minuten gründlich durchkneten. Möglichst über Nacht, mindestens aber eine Stunde ruhen lassen.
In einer Pfanne bei schwacher Hitze unter ständigem Rühren schmoren, bis der ausgetretene Saft vollständig verdampft ist und das Hackfleisch erbsengroße Kügelchen bildet.
Das Tomatenmark in 2 Mokkatassen warmem Wasser auflösen und hinzufügen. Bei schwacher Hitze zugedeckt 20 Minuten kochen. Wenn nötig, etwas warmes Wasser zugießen.
Beilage: Backkartoffeln oder Nudeln

Variante
Vor dem Servieren junge Erbsen oder Okraschoten untermischen.

Hackfleisch gebacken
Mijurum

3 EL Butter
450 g Hackfleisch vom Rind ohne Fett
1 Bund Petersilie
4 Eier
1 TL süßes Paprikapulver
1 TL Thymian
1 TL Kimyon
2 TL Salz
1 Mokkalöffel schwarzer Pfeffer

◆ In einer Pfanne 1 EL Butter zerlassen und das Fleisch bei mittlerer Hitze unter ständigem Rühren 5 Minuten schmoren, bis es sich gut gelockert hat. Die Petersilie sehr fein hacken. Die Eier mit dem Schneebesen 5 Minuten schlagen. Das Fleisch mit allen Zutaten vermischen und 10 Minuten gründlich kneten.
Den Ofen schwach vorheizen. In sechs kleine Keramikformen je ein haselnussgroßes Stück Butter geben und zur Hälfte mit der Mischung füllen. Bei mittlerer Hitze 30 Minuten backen, bis das Hackfleisch schön braun ist.

Topf-Kebab
Tas Kebabı

2-3 Stunden Kochzeit

2 große Tomaten
2 große Zwiebeln
2 EL Margarine
900 g Hammelgulasch

◆ Die Tomaten kurz in kochendes Wasser tauchen, häuten, klein schneiden und durch ein Sieb streichen. Die Zwiebeln klein schneiden.
In einem Topf Margarine zerlassen und das Fleisch braun anschmoren, dabei mehrmals umrühren. Mit einer Schaumkelle herausnehmen und auf einen Teller legen.
Die Zwiebeln in der verbliebenen Sauce gelb dünsten. Fleisch, Tomaten, 2 TL Salz sowie 4 Mokkatassen heißes Wasser zugeben und bei mittlerer Hitze zugedeckt zwei Stunden schmoren, bis alle Flüssigkeit verdampft ist.

Kebab-Spießchen
Çöp Kebabı

3 Stunden Kochzeit

400 g Auberginen
6 EL Margarine
100 g Paprikaschote
1 große Zwiebel
3 große Tomaten
900 g Hammelgulasch

12 Holzspießchen (15 cm)

◆ Die Auberginen schälen, längs halbieren und in daumenbreite Stücke schneiden. In einer Schüssel 1 EL Salz in ½ l Wasser verrühren und die Auberginen 30 Minuten darin ziehen lassen. Abtropfen lassen und leicht ausdrücken. In einer Pfanne 5 EL Margarine zerlassen und die Auberginen braten, bis sie leicht bräunlich sind. Abtropfen lassen und auf saugfähiges Papier legen.
Die Paprika entkernen, vierteln und 1 Minute in demselben Fett anbraten, abtropfen lassen und zu den Auberginen legen. Das Fett aufbewahren.
Die Zwiebel vierteln. Zwei Tomaten kurz in kochendes Wasser tauchen, häuten und klein schneiden. In einem mittelgroßen Topf 1 EL Margarine zerlassen, Fleisch, Zwiebel, Tomaten und 1 TL Salz zugeben. Bei mittlerer Hitze zugedeckt 40 Minuten schmoren, bis der ausgetretene Saft verdampft ist; ab und zu umrühren.
Das Fett und ½ l warmes Wasser zum Fleisch geben, umrühren und zugedeckt weitere 80 Minuten schmoren; gelegentlich umrühren.
Das Fleisch mit einer Schaumkelle herausnehmen, abtropfen lassen und auf einen Teller legen. Die Zwiebeln aus der Sauce nehmen, sie werden nicht weiterverwendet.
Den Ofen stark vorheizen. Abwechselnd Auberginen-, Paprika- und Fleischstücke auf die Spießchen stecken, auf ein Blech legen und mit der Sauce übergießen. Die dritte Tomate in Scheiben schneiden und darauf legen. Das Ganze im Ofen bei starker Hitze 15 Minuten backen.

»Das hat dem Sultan geschmeckt«
Hünkar Beğendi

2 große Tomaten
2 große Zwiebeln
4 EL Margarine
900 g Hammelgulasch (Schulter oder Keule)
750 g Auberginen
1 Zitrone (Saft)
2 EL Mehl
4 Mokkatassen Milch
25 g geriebener Kaşar oder Schweizer Käse

◆ Die Tomaten kurz in kochendes Wasser tauchen, häuten, klein schneiden und durch ein Sieb streichen. Die Zwiebeln klein würfeln.
In einem Topf 2 EL Margarine zerlassen und das Fleisch braun anschmoren, dabei mehrmals umrühren. Das Fleisch mit einer Schaumkelle herausnehmen und auf einen Teller legen. Die Zwiebeln in der verbliebenen Sauce glasig dünsten. Fleisch, Tomaten, 2 TL Salz und 4 Mokkatassen heißes Wasser zugeben und bei mittlerer Hitze zugedeckt zwei Stunden schmoren, bis alle Flüssigkeit verdampft ist.
Währenddessen die Auberginen auf die Herdplatte, den Holzkohlengrill oder in eine Gasflamme (direkt auf den Brenner) legen. Drehen und wenden, bis die Schale verbrannt aussieht und die Auberginen innen weich sind. Vom Stiel her schälen, in eine Schüssel geben, Zitronensaft und Wasser zugießen. 15 Minuten ziehen lassen, dann leicht ausdrücken.
In einem Topf aus 2 EL Margarine und Mehl eine Schwitze zubereiten. Den Topf vom Herd nehmen, die Auberginen hineingeben und mit dem Schneebesen gut verrühren. 2 TL Salz zugeben, nach und nach unter ständigem Schlagen mit dem Schneebesen die heiße Milch zugießen. Erhitzen und schlagen, bis ein feines, zähes Mus entsteht.
Den Käse unterrühren. Das warme Fleisch auf dem Auberginenmus verteilen und servieren.

◆ Die Tomaten kurz in kochendes Wasser tauchen, häuten und klein schneiden. Die Zwiebeln in halbe Ringe schneiden. In einer kleinen Kasserolle 1 EL Margarine zerlassen und die Zwiebelringe glasig dünsten.
In einem mittelgroßen Topf 2 EL Margarine erhitzen und das Fleisch bei mittlerer Hitze zugedeckt schmoren, bis der ausgetretene Saft verdampft ist; ab und zu umrühren. Zwiebeln, Tomaten, 2 TL schwarzen Pfeffer und 2 TL Salz beifügen. Alles bei offenem Topf 5 Minuten schmoren, gelegentlich umrühren.
4 Mokkatassen heißes Wasser zugießen und das Fleisch bei mittlerer Hitze zugedeckt eineinhalb bis zwei Stunden schmoren, bis alle Flüssigkeit verdampft ist. Die Petersilie fein hacken, darüber streuen, einmal umrühren und kalt stellen.
Den Ofen auf mittlere Temperatur vorheizen. In einer Kasserolle die restliche Margarine zerlassen. Sechs Teigblätter mit einem Pinsel einseitig mit Margarine einstreichen. Auf jedes Blatt ein nicht bestrichenes legen und dieses zur Hälfte mit Margarine bestreichen. Die bestrichene Hälfte auf die nicht bestrichene falten. Ein Blech mit Margarine einstreichen. Die Teigblätter darauf legen, den Kebab in die Mitte geben und durch Umklappen der Seiten zu viereckigen Teigtaschen verschließen. Die Oberseite mit Margarine bestreichen. Bei mittlerer Hitze 15 bis 20 Minuten backen. Warm servieren.

Alipascha-Kebab
Alipaşa Kebabı

3 mittelgroße Tomaten
5 mittelgroße Zwiebeln
10 EL Margarine
900 g Hammelgulasch (Schulter oder Keule)
1 Bund Petersilie
12 Blatt Fertigteig (rechteckig)

Antep-Kebab
Antep Kebabı

3 lange dünne Auberginen
3 kleine trockene Chilischoten
600 g Hammelgulasch, nicht zu mager
150 g Hammelbauch (beides durch den Fleischwolf drehen lassen)
2 große Zwiebeln
1 Bund Petersilie
1 Mokkalöffel Sumak
3 mittelgroße Tomaten
3 frische grüne Peperoni
4-6 Brotfladen (Pide)
450 g Joghurt

Metallspieße (10 cm lang und 1 cm breit)

◆ Die Auberginen schälen, in fingerdicke Scheiben schneiden und in Salzwasser legen. Die Chili in einem Mörser fein zerstoßen. Das Fleisch mit Chilipulver und 1 TL Salz gründlich kneten. Die Zwiebeln in dünne halbe Ringe schneiden, mit fein gehackter Petersilie und Sumak vermischen. Die Tomaten vierteln.

Das Fleisch in kleinen Mengen auf die Spieße drücken, dazwischen alle 3 cm eine Auberginenscheibe schieben. Die Spieße auf einem Holzkohlengrill in den Flammen grillen, damit das Fett verbrennt. Dann über normaler Glut weitere 3 Minuten grillen, Tomatenstücke und Peperoni dazulegen. Die Brotfladen auf das Fleisch legen, damit sie knusprig werden und etwas Saft ziehen.

Die Brotfladen auf Tellern verteilen, das Fleisch von den Spießen lösen und darauf legen. Tomaten und Peperoni auf das Fleisch legen, mit Zwiebelringen bedecken. Den Joghurt kalt dazu servieren.

Papier-Kebab
Kağıt Kebabı

½ Lammleber
3 Lammnieren
750 g zartes Lammgulasch
6 Lauchzwiebeln
1 Bund Petersilie
1 Bund Dill
3 EL Thymian
3 EL Margarine
3 Lorbeerblätter

2 große Blatt Fettpapier oder Alufolie

◆ Leber und Niere grob würfeln und mit dem Fleisch vermischen. Lauchzwiebeln in fingerbreite Stücke schneiden, Petersilie und Dill fein hacken. Alles mit Dill, Thymian, 1 TL schwarzem Pfeffer und 2 TL Salz unter das Fleisch mischen.

Das Fettpapier in je drei gleiche Stücke teilen bzw. sechs viereckige Blatt Alufolie abschneiden. Die obere Seite jedes Blattes mit Margarine einstreichen. Das Fleisch auf die Blätter verteilen, je ein Lorbeerblatt darauf legen. Das Papier durch Falten gut verschließen und die Päckchen im Ofen bei mittlerer Hitze 60 bis 90 Minuten backen; ab und zu mit kaltem Wasser bespritzen, damit das Papier nicht verbrennt.

Zum Servieren die obere Seite mit einer Schere rundum aufschneiden.

Urfa-Kebab
Urfa Kebabı

3 kleine trockene Chilischoten
600 g Hammelgulasch, nicht zu mager
150 g Hammelbauch (beides durch den Fleischwolf drehen lassen)
1 EL Tomatenmark
3 mittelgroße Tomaten
5 frische grüne Peperoni
2 große Zwiebeln
1 Bund Petersilie
1 Mokkalöffel Sumak
4-6 Brotfladen (Pide)
450 g Joghurt

Metallspieße (10 cm lang und 1 cm breit)

◆ Die Chili in einem Mörser fein zerstoßen. Das Fleisch mit Tomatenmark, Chilipulver und 1 TL Salz gründlich kneten. Die Tomaten vierteln und mit den ganzen Peperoni grillen. Zwiebeln in dünne halbe Ringe schneiden, mit fein gehackter Petersilie und Sumak vermischen. Tomaten und Peperoni vom Grill nehmen.
Das Fleisch auf die Spieße drücken und auf einem Holzkohlengrill in den Flammen grillen, damit das Fett verbrennt. Dann über normaler Glut weitere 3 Minuten grillen. Die Brotfladen darauf legen, damit sie knusprig werden und etwas Saft ziehen.
Die Brotfladen auf Tellern verteilen, das Fleisch von den Spießen lösen und darauf legen. Tomaten und Peperoni auf das Fleisch legen, mit Zwiebelringen bedecken. Den Joghurt kalt dazu servieren.

Fladenbrot
Kebap Pidesi

für 12 Stück

40 g frische Hefe
1 kg Weizenmehl
1 Mokkatasse Milch

◆ Die Hefe in eine Schüssel krümeln, 45 g Salz und 650 ml Wasser zugeben und gut umrühren, bis sich die Hefe aufgelöst hat. Nach und nach unter ständigem Rühren das Mehl zugeben, 10 Minuten kneten. Die Schüssel mit einem angefeuchteten dicken Tuch zudecken und an einem warmen Ort 30 Minuten gehen lassen.
Den Teig in zwölf Stücke teilen, jedes auf der Tischplatte unter dem Handballen kräftig weiterkneten und zu Bällchen rollen. Diese zurück in die Schüssel geben und weitere 30 Minuten gehen lassen.
Die Bällchen flach drücken und 1 mm dick ausrollen. Den Ofen stark vorheizen. Die Teigblätter mit einem Pinsel von beiden Seiten mit etwas Milch einstreichen. Im Ofen bei starker Hitze 3 bis 4 Minuten backen.

Adana-Kebab
Adana Kebabı

600 g mageres Hammelgulasch (Schulter oder Keule)
200 g Hammelschwanzfett
3 mittelgroße Zwiebeln
3 Bund Petersilie
3 kleine trockene Chilischoten
1 Mokkalöffel süßes Paprikapulver
4-6 Brotfladen (Pide)
450 g Joghurt

Metallspieße (10 cm lang und 1 cm breit)

◆ Das Fleisch zusammen mit dem Fett durch einen Fleischwolf drehen. Zwiebeln und Petersilie sehr fein hacken, Chili fein zerstoßen. Alles mit Paprika und 2 TL Salz lange und gründlich unter das Fleisch kneten.
Das Fleisch auf die Spieße drücken und auf einem Holzkohlengrill in den Flammen grillen.
Auf Brotfladen servieren, kalten Joghurt dazu reichen.

Auberginen-Kebab
Patlıcan Kebabı

2-3 Stunden Kochzeit

4 mittelgroße Auberginen
3 EL Sonnenblumenöl
2 EL Margarine
900 g Hammelgulasch
2 mittelgroße Tomaten
2 große Zwiebeln

◆ Die Auberginen schälen, längs vierteln und quer in daumenbreite Stücke schneiden. In einer Schüssel 2 EL Salz in ¾ l Wasser verrühren und die Auberginen 30 Minuten darin ziehen lassen. Herausnehmen und leicht ausdrücken.
In einer Pfanne Öl sowie Margarine erhitzen und die Auberginen leicht anbraten, bis sie bräunlich sind. Mit einer Schaumkelle herausnehmen, abtropfen lassen und auf saugfähiges Papier legen.
In demselben Fett die Hälfte des Fleischs 2 bis 3 Minuten rotbraun anbraten. Herausnehmen, abtropfen lassen und auf einen Teller legen. Mit dem restlichen Fleisch auf gleiche Weise verfahren.
Die Tomaten kurz in kochendes Wasser tauchen, häuten und klein schneiden. Die Zwiebeln in halbe Ringe schneiden und im selben Fett glasig anbraten. Tomaten beifügen und 1 Minute erhitzen.
Die Sauce mit Fleisch, 1 TL schwarzem Pfeffer und Salz in einen Topf geben, nach und nach 3 Tassen heißes Wasser zugießen und bei mittlerer Hitze zugedeckt eineinviertel bis eindreiviertel Stunden kochen. Die Auberginen zugeben und alles weitere 30 bis 40 Minuten kochen.

Faulenzer-Kebab
Tembel Kebabı

900 g Hammelhals, grob geteilt
4 mittelgroße Auberginen
4 mittelgroße Zwiebeln

◆ Das Fleisch in einem Topf mit Wasser aufkochen, abschäumen und 45 Minuten kochen.
Währenddessen die Auberginen auf die Herdplatte, den Holzkohlengrill oder in eine Gasflamme (direkt auf den Brenner) legen. Drehen und wenden, bis die Schale verbrannt aussieht und die Auberginen innen weich sind. Vom Stiel her schälen.
Die ganzen Zwiebeln in den Topf geben und weiterkochen, bis sie weich sind. Das Fleisch herausnehmen und vom Knochen lösen. Die Zwiebeln herausnehmen, sie werden nicht weiterverwendet. Die Brühe in ein anderes Gefäß gießen.
Den Boden des Topfes mit Auberginenfleisch bedecken, das Fleisch darauf geben, 1 TL schwarzen Pfeffer und 1 TL Salz darüber streuen, Brühe zugießen. Bei schwacher Hitze zugedeckt kochen, bis das Fleisch sehr weich ist.

Hirten-Kebab
Çoban Kebabı

3 mittelgroße Tomaten
3 EL Margarine
900 g Hammelfleisch mit Knochen (Hals oder Rücken), grob gewürfelt
25 Schalotten
15 Knoblauchzehen
4 große Kartoffeln
2 Bund Dill

◆ Die Tomaten kurz in kochendes Wasser tauchen und häuten. In einem mittelgroßen Topf Margarine zerlassen, Fleisch, Tomaten, Schalotten, Knoblauchzehen und 1 TL Salz zugeben. Bei mittlerer Hitze zugedeckt schmoren, bis die ausgetretene Flüssigkeit verdampft ist; ab und zu umrühren.
Die Kartoffeln schälen, in große Stücke schneiden und mit 4 Mokkatassen Wasser zugeben. Bei schwacher Hitze zugedeckt eine Stunde kochen, bis das Fleisch weich ist.
Vor dem Servieren mit fein gehacktem Dill bestreuen.

Spieß-Kebab
Şiş Kebabı

am Vortag beginnen

1 kg Hammel- oder Lammgulasch (Schulter oder Keule)
1 mittelgroße Zwiebel
1 EL Olivenöl
1 Zitrone (Saft)
1 TL Thymian
1 TL süßes Paprikapulver

◆ Sehnen und Muskelhaut vom Fleisch entfernen. Die Zwiebel in sehr dünne halbe Ringe schneiden, mit 1 TL Salz bestreuen und 10 Minuten ziehen lassen. Dann den Saft in eine kleine Schale auspressen. Mit dem Öl unter das Fleisch mischen. In einem Topf im Kühlschrank über Nacht stehen lassen, damit das Fleisch weicher wird. Nach Geschmack Zitronensaft, Thymian, Paprika oder 1 TL schwarzen Pfeffer zugeben.
Am nächsten Tag die Fleischstücke aus der Marinade nehmen, auf Spieße stecken und auf einem Holzkohlengrill 4 bis 5 cm über der Glut grillen.

Variante
Zwiebelscheiben und Paprikastücke zwischen die Fleischstücke stecken. Tomaten- und Auberginenscheiben getrennt vom Fleisch grillen, weil sie das Fleisch trocken machen – sie eignen sich gut als Beilage.

Hochzeitsfleisch
Düğün Eti

2-3 Stunden Kochzeit

2 große Tomaten
2 mittelgroße Zwiebeln
3 EL Margarine
900 g Hammelrücken, geviertelt oder 12-geteilt
1 TL gemahlener Zimt
5 Gewürznelken

◆ Eine Tomate kurz in kochendes Wasser tauchen, häuten und sehr klein schneiden. Die Zwiebeln klein würfeln.
In einem Topf Margarine zerlassen und das Fleisch anbraten. Zwiebeln zugeben und unter ständigem Rühren goldbraun dünsten. Die klein geschnittene Tomate mit 2 TL Salz beifügen und unter ständigem Rühren zerkochen. Zimt, Nelken und 5 Mokkatassen Wasser zugeben. Bei schwacher Hitze zugedeckt zwei Stunden kochen, bis das Fleisch weich ist.
Die zweite Tomate in Scheiben schneiden. Den Ofen stark vorheizen. Die Fleischstücke aus dem Topf auf einem Blech verteilen, mit je einer Tomatenscheibe belegen und backen, bis die Tomaten leicht braun sind.
Vor dem Servieren mit Sauce übergießen.

Pfaffen-Ragout
Papaz Yahnısı

3 Stunden Kochzeit

2½ EL Margarine
800 g Rindergulasch
2 Knollen Knoblauch
40 Schalotten
3 EL Essig
1 TL gemahlener Zimt
1 TL Piment
1 TL scharfes Paprikapulver
1 Bund Petersilie

◆ In einem Topf Margarine zerlassen und das Fleisch anschmoren, ab und zu umrühren. Ganze Knoblauchzehen und Schalotten zugeben, umrühren und weitere 3 Minuten schmoren. Essig, Zimt, Piment, Paprika, 2 TL Salz und 4 Tassen warmes Wasser zugeben, umrühren. Bei schwacher Hitze zugedeckt drei Stunden kochen.
Vor dem Servieren mit fein gehackter Petersilie bestreuen.

Gemüsetopf mit Hammel
Sebzeli Koyun Yahnısı

2-3 Stunden Kochzeit

2 EL Margarine
900 g Hammelrücken mit Knochen, grob gewürfelt
30 Schalotten
150 g frische grüne Bohnen
1 große Aubergine
1 große Zucchini
3 große Tomaten
2 längliche rote Paprikaschoten
150 g frische Okraschoten
1 Mokkatasse Essig

◆ In einem Topf Margarine zerlassen, das Fleisch mit Schalotten und 2 TL Salz bei mittlerer Hitze 20 Minuten anschmoren, bis die ausgetretene Flüssigkeit verdampft ist; ab und zu umrühren.
Währenddessen die Bohnen putzen und in der Mitte durchschneiden. Die Aubergine längs teilen, in daumenbreite Stücke schneiden und in Salzwasser legen. Die Zucchini fein schälen, kreuzweise längs teilen und in der Mitte durchschneiden. Die Tomaten kurz in kochendes Wasser tauchen, häuten, klein schneiden und durch ein Sieb streichen. Die Paprika kreuzweise längs teilen und entkernen. Das Gemüse zum Fleisch geben und 5 Minuten schmoren. ½ l warmes Wasser zugießen und alles bei schwacher Hitze zugedeckt eine Stunde kochen.
Währenddessen die Okraschoten köpfen, 1 EL Salz und Essig darüber geben und 30 Minuten ziehen lassen, dann unter fließendem Wasser waschen. In den Topf geben und bei schwacher Hitze zugedeckt 45 bis 60 Minuten kochen, bis das Fleisch sehr weich ist.

Hammel im eigenen Saft
Kavurma

900 g fettes Hammelfleisch
8 Knoblauchzehen
250 g Joghurt
Salz

◆ Das Fleisch unter heißem Wasser gründlich waschen und in einen Topf legen, den es zu drei Viertel füllt – sonst muss Wasser zugegeben werden, was den Geschmack stark verändert. Bei mittlerer Hitze zugedeckt 5 Minuten anschmoren, dabei ein- oder zweimal umrühren: immer wenn ein Zischen zu hören ist, also das Fleisch ansetzt. Bei schwacher Hitze unter häufigem Rühren 75 bis 90 Minuten schmoren. Wenn der ausgetretene Saft vollkommen verdampft ist, die Hitze erhöhen und unter ständigem Rühren 10 Minuten scharf braten.
Knoblauch zerdrücken und mit der Gabel unter den Joghurt rühren. Die Sauce über das Fleisch geben und servieren.

Hammeleintopf
Haşlama

2-3 Stunden Kochzeit

100 g Sellerie
200 g zarte Möhren
900 g Hammel- oder Lammblatt mit Knochen, grob geteilt
15 Perlzwiebeln
400 g Frühkartoffeln
2 EL Margarine
1 Mokkatasse Mehl
2 Zitronen (Saft)

◆ Sellerie schälen und in kleine Stücke schneiden, Möhren in Scheiben schneiden. Das Fleisch mit Gemüse und Perlzwiebeln in 1½ l Wasser aufsetzen, 2 TL Salz zugeben. Wenn das Ganze kocht, abschäumen. Bei schwacher Hitze zugedeckt zwei Stunden kochen.
Währenddessen die Kartoffeln schälen, längs halbieren und in halbfingerdicke Scheiben schneiden. In den Topf geben und zugedeckt weitere 30 Minuten kochen.
In einem Topf aus Margarine und Mehl eine Schwitze zubereiten, 3 Kellen Sauce unterrühren. Den Topf vom Herd nehmen, 4 Mokkatassen Wasser und Zitronensaft unterrühren. Die Sauce zum Fleisch geben, einmal umrühren und servieren.

Lammkotelett
Pirzola

1 kg Lammkotelett, rippenweise getrennt
1 EL Olivenöl
1 mittelgroße Zwiebel
1 EL Thymian

◆ Das Fett von der Rippe lösen und auf das Fleisch klappen. Mit einem flachen Fleischklopfer Fett und Fleisch breit klopfen, bis es halbfingerdick ist. Auf einen tiefen Teller legen und mit Öl übergießen. Die Zwiebel sehr fein würfeln, mit Thymian und 1 TL Salz vermischen, über die Koteletts streuen. Die Koteletts wenden und eine Stunde ziehen lassen.
Auf einem Holzkohlengrill 5 cm über der Glut grillen oder in der Pfanne – allerdings ohne Zwiebeln und Olivenöl – braten.

Lammkotelett auf dem Blech gedünstet
Sahan Pirzolası

900 g Lammkotelett, rippenweise getrennt
2 EL Pflanzenöl
20 Schalotten
2 große Tomaten
2 TL Thymian

◆ Das Fett von den Koteletts lösen. In einer Pfanne Öl erhitzen, die Fettstückchen hineingeben und die Koteletts kurz von beiden Seiten anbraten. Herausnehmen, das Fett in die Pfanne abtropfen lassen.
Die Zwiebeln in dem Fett glasig dünsten. Die Tomaten kurz in kochendes Wasser tauchen, häuten, sehr klein schneiden und zu den Zwiebeln geben. Bei mittlerer Hitze unter ständigem Rühren 5 Minuten schmoren, bis die Tomaten zergehen.
Die Koteletts in einer feuerfesten Form verteilen, mit Sauce übergießen, mit 2 TL Salz und Thymian bestreuen. Auf dem Herd oder im Ofen bei mittlerer Temperatur erhitzen, nach und nach 3 Tassen warmes Wasser zugießen. Mit einem großen Deckel oder Alufolie gut bedecken und eine Stunde dünsten.

Lamm in Kopfsalat
Kuzu Kapama

3 Kopfsalat
12 Lauchzwiebeln
1 mittelgroße Möhre
1 mittelgroße Zwiebel
3 EL Butter
900 g Lammrücken, grob gewürfelt
2 Bund Mangold
1 TL Zucker
2 TL Mehl
1 Bund Dill

◆ Salatblätter einzeln lösen und unter fließendem Wasser waschen. Lauchzwiebeln klein schneiden. Die Möhre halbieren, die Zwiebel achteln.
In einem Topf Butter zerlassen, nacheinander Zwiebel, Fleisch, Möhre, Mangold, Lauchzwiebeln, Zucker, 2 TL Salz, Salatblätter und 2 Mokkatassen Wasser hineingeben. Bei mittlerer Hitze zugedeckt 60 bis 90 Minuten kochen.
Das Mehl in 1 Mokkatasse Wasser verrühren, in den Topf geben, einmal umrühren und alles weitere 5 Minuten bei schwacher Hitze köcheln. Fein gehackten Dill zugeben, umrühren und noch einmal kurz aufkochen.

Lamm im Keramiktopf gebacken
Güveç

3 Stunden Kochzeit

10 Lauchzwiebeln
3 mittelgroße Tomaten
6 frische Peperoni
5 mittelgroße Kartoffeln
2 mittelgroße Zwiebeln
10 Knoblauchzehen
2 Bund Dill
3 EL Margarine
900 g Lammschulter mit Knochen, grob gewürfelt
1 Lorbeerblatt

◆ Die Lauchzwiebeln in fingerdicke Stücke schneiden. Die Tomaten kurz in kochendes Wasser tauchen, häuten und klein schneiden. Die Peperoni halbieren, entkernen und in dünne Ringe schneiden. Die Kartoffeln schälen und klein schneiden. Die Zwiebeln achteln, Knoblauch und Dill klein schneiden.
Einen flachen Keramiktopf mit Margarine ausstreichen, das Fleisch mit Gemüse und Lorbeerblatt hineingeben, 2 TL Salz und 1 Mokkatasse Wasser beifügen. Den Topf mit einem Bogen Alufolie bedecken, damit Geschmack und Geruch erhalten bleiben. Im Ofen bei mittlerer Hitze zugedeckt zweieinhalb bis drei Stunden backen, bis die Fleischstücke sehr weich sind.

Lammkopf mit Fassonnudeln
Şehriyeli Kuzu Başı

3 Lammköpfe
2 mittelgroße Zwiebeln
3 mittelgroße Tomaten
2 EL Butter
1 EL Margarine
300 g Fassonnudeln

◆ Die Köpfe in kochendes Wasser tauchen, die Haut ringsherum mit einem scharfen Messer abziehen und die Köpfe unter fließendem Wasser lange und gründlich waschen. In einem flachen Topf mit Wasser vollständig bedecken, 2 TL Salz zugeben und zum Kochen bringen. Abschäumen und bei mittlerer Hitze zugedeckt eine Stunde kochen.
Währenddessen die Zwiebeln fein würfeln. Die Tomaten kurz in kochendes Wasser tauchen, häuten und klein schneiden. Den Ofen stark vorheizen.
In einer Kasserolle Butter zerlassen und die Zwiebeln glasig dünsten. Die Tomaten zugeben, einmal umrühren. 4 Mokkatassen heiße Brühe zugießen, einmal umrühren und alles bei mittlerer Hitze zugedeckt 5 Minuten kochen. Die Kasserolle vom Herd nehmen.
Die Köpfe auf ein Blech legen, die Tomatensauce durch ein grobes Sieb darüber streichen. Die Zwiebeln aufheben. Die Köpfe im Ofen knusprig backen. Dann mit einer Geflügelschere längs halbieren und warm stellen. Das Blech zurück in den Ofen schieben.
In einer Kasserolle 1 EL Margarine zerlassen, Fassonnudeln, Zwiebeln, 1 Mokkalöffel schwarzen Pfeffer und 1 TL Salz beifügen, umrühren. 5 Mokkatassen Brühe auf dem noch heißen Blech im Ofen kurz aufkochen und zu den Fassonnudeln geben. Die Nudeln bei mittlerer Hitze kochen, bis sie zu quellen beginnen. Bei sehr schwacher Hitze zugedeckt 15 Minuten quellen lassen.
Die Nudeln auf eine Servierplatte geben und die halbierten Köpfe darauf verteilen.

Gefüllte Lammbrust
Kaburga Dolması

1 Lammbrust (700-1000 g) (vom Fleischer Rippen heraustrennen und eine Tasche in die Brust schneiden lassen)
2 EL Tomatenmark

für die Füllung:
1 EL Korinthen
3 Mokkatassen Weizenkörner
2 mittelgroße Zwiebeln
½ frische dunkle, scharfe Peperoni
1 Bund Petersilie
2 EL Butter
1 EL Pinienkerne
2 TL »Vier Gewürze«
½ Mokkalöffel gemahlener Zimt
1 TL Zucker

◆ Die Korinthen in 1 Tasse heißem Wasser einweichen. Den Weizen in ½ l Wasser 5 Minuten kochen, dann abtropfen lassen. Die Zwiebeln fein würfeln. Die Peperoni halbieren, entkernen und fein würfeln. Die Petersilie fein hacken.
In einer Kasserolle Butter zerlassen und die Zwiebeln 1 Minute dünsten. Weizen, Pinienkerne, Korinthen, Petersilie, »Vier Gewürze«, 2 Mokkatassen heißes Wasser, Zimt, Zucker, ½ Mokkalöffel schwarzen Pfeffer und 1 TL Salz zugeben, 5 Minuten umrühren.
Das Fleisch außen und innen gründlich waschen und mit 2 TL Salz einreiben. Den Ofen stark vorheizen. Die Füllung in die Tasche der Lammbrust geben und mit groben Stichen zunähen.
Die Brust auf ein Blech geben, 2 Mokkatassen Wasser zugießen und im Ofen bei starker Hitze backen, bis das Wasser verdampft ist. Dabei die Brust nach und nach rundum wenden. Bei mittlerer Hitze eine weitere Stunde backen. Tomatenmark in 1 Mokkatasse Wasser verquirlen und damit die Brust öfter bestreichen. Die Brust wenden, damit sie von allen Seiten braun wird.

Gemüse mit Fleisch
Sebzeli Et Yemekleri

Eine türkische Spezialität ist die schmackhafte Sauce der Topfgerichte aus Gemüse und Fleisch. Ohne sie verblasst die Wirkung selbst bester Gewürze.

In wenig Pflanzenöl oder Margarine werden fein geschnittene milde Gemüsezwiebeln mit geschälten und klein geschnittenen Tomaten und etwas Tomaten- oder Paprikamark unter ständigem Rühren gedünstet, bis die Zwiebeln glasig und die Tomaten zerfallen sind. Erst dann werden alle weiteren Zutaten zugegeben, wird mit Brühe oder Wasser abgelöscht und gegart.

Ruht das Gericht einen Tag und wird erst vor dem Servieren erneut erhitzt, kann sich der Geschmack der Sauce mit dem der Zutaten am besten verbinden.

Auberginen mit Lammragout
Patlıcan Silkmesi

1¼ kg Auberginen
2 große Tomaten
3 mittelgroße Zwiebeln
2 frische Peperoni
5 EL Margarine
300 g Lammgulasch
10 Schalotten

◆ Die Auberginen schälen, längs halbieren und quer in daumenbreite Scheiben schneiden. In einer Schüssel in 2 EL Salz wenden, bis sie rundum gut gesalzen sind, und 30 Minuten ziehen lassen.
Die Tomaten kurz in kochendes Wasser tauchen, häuten, entkernen und klein schneiden. Die Zwiebeln klein schneiden. Die Peperoni halbieren, entkernen und in dünne Ringe schneiden.
In einem Schmortopf Margarine zerlassen und die Zwiebeln unter häufigem Rühren glasig dünsten. Das Fleisch hinzufügen und 15 Minuten anschmoren, ab und zu umrühren. Die Hälfte der Tomaten, 1 Mokkalöffel schwarzen Pfeffer und 1 TL Salz zugeben, einmal umrühren und alles bei schwacher Hitze zugedeckt 20 Minuten schmoren.
Die Auberginenscheiben unter fließendem Wasser gründlich waschen, abtropfen lassen und auf saugfähiges Papier legen. Schalotten, Peperoni, restliche Tomaten, Auberginen, 2 TL Salz und 3 Mokkatassen warmes Wasser zum Fleisch geben. Bei mittlerer Hitze zugedeckt 30 Minuten kochen.

Auberginen mit Köfte im Ofen gebacken
Dizme

1 kg dicke Auberginen
1 Bund Petersilie
1 mittelgroße Zwiebel
250 g Hackfleisch vom Rind ohne Fett
2 Eigelb
je 1 Messerspitze schwarzer Pfeffer, Kimyon, Thymian, Cayennepfeffer
3 große Tomaten
3 frische dunkle, scharfe Peperoni
1 TL Tomatenmark

◆ Die Auberginen schälen und quer in fingerbreite Scheiben schneiden. In einer Schüssel 2 EL Salz in ¾ l Wasser verrühren und die Auberginen 30 Minuten darin ziehen lassen. Die Petersilie fein hacken. Die Zwiebel reiben und mit Petersilie, Fleisch, Eigelb, Gewürzen und 2 Mokkalöffel Salz gründlich kneten. Ziehen lassen.
Die Tomaten in halbfingerdicke Scheiben schneiden. Die Peperoni halbieren, entkernen und in dünne Ringe schneiden.
Die Auberginenscheiben leicht ausdrücken. Das Tomatenmark mit 2 Mokkatassen warmem Wasser verrühren. Den Ofen auf mittlere Temperatur vorheizen. Das Fleisch je nach Personenzahl zu flachen Frikadellen formen und auf einem Blech abwechselnd mit den Auberginenscheiben verteilen. Tomatenscheiben und Peperoni darauf legen und Tomatensauce darüber geben.
Das Blech mit Alufolie bedecken und bei mittlerer Hitze 30 Minuten backen. Dann den Ofen auf starke Hitze bringen, die Folie abnehmen und weitere 10 Minuten backen, bis die Flüssigkeit fast verdampft ist.
Die Köfte in die Mitte einer Servierplatte legen, mit Auberginen, Tomaten und Peperoni umgeben. Die verbliebene Sauce über das Gemüse gießen.

Auberginenauflauf
Musakka

1¼ kg Auberginen
3 große Kartoffeln
3 große Tomaten
3 mittelgroße Zwiebeln
3 EL Margarine
300 g Hackfleisch mit Fett
2 Mokkatassen Sonnenblumenöl
5 frische helle, milde Peperoni

◆ Die Auberginen entstielen, längs in fingerdicke Scheiben schneiden. In einer Schüssel 2 EL Salz in ½ l Wasser verrühren und die Auberginen 30 Minuten darin ziehen lassen.
Die Kartoffeln schälen, in halbfingerdicke Scheiben schneiden und in Wasser legen. Zwei Tomaten kurz in kochendes Wasser tauchen, häuten, entkernen und fein würfeln. Die Zwiebeln fein schneiden.
In einer Kasserolle 2 EL Margarine zerlassen und die Zwiebeln glasig dünsten. Das Fleisch zugeben und 10 Minuten schmoren, ab und zu umrühren. Die gewürfelten Tomaten mit 1 Mokkalöffel schwarzem Pfeffer und 1 TL Salz zugeben und schmoren, bis sie zergehen; ab und zu umrühren. Die Kasserolle vom Herd nehmen und warm stellen.
Die Auberginenscheiben leicht ausdrücken und auf saugfähiges Papier legen. In einer Pfanne Öl erhitzen und die Auberginenscheiben von beiden Seiten braten, bis sie leicht braun sind. Mit einer Schaumkelle herausnehmen und gut abtropfen lassen. Die Kartoffelscheiben ebenso trocknen, braten und abtropfen lassen.
Den Ofen auf mittlere Temperatur vorheizen. Eine Auflaufform mit 1 EL Margarine einstreichen. Abwechselnd Auberginen-, Kartoffelscheiben und Hackfleisch in die Form schichten, so dass eine Schicht Auberginen zuunterst und zuoberst liegt.
Die dritte Tomate in halbfingerdicke Scheiben schneiden und auf dem Musakka verteilen. Die Peperoni sternförmig darauf legen. Bei mittlerer Hitze zugedeckt 20 Minuten backen. Dann ohne Deckel weitere 10 Minuten backen.
Herausnehmen und servieren.

Auberginen mit Hackfleisch gebacken
Patlıcan Oturtması

1¼ kg Auberginen
2 große Tomaten
3 mittelgroße Zwiebeln
1 frische dunkle, scharfe Peperoni
2 EL Margarine
125 g Hackfleisch mit Fett
1 Mokkatasse Sonnenblumenöl

◆ Die Auberginen schälen und längs in fingerdicke Scheiben schneiden. In einer Schüssel in 2 EL Salz wenden, bis sie rundum gut gesalzen sind, und 30 Minuten ziehen lassen.

Währenddessen die Tomaten kurz in kochendes Wasser tauchen, häuten, entkernen und sehr klein schneiden. Die Zwiebeln in dünne halbe Ringe schneiden. Die Peperoni halbieren, entkernen und fein würfeln.

In einer Kasserolle Margarine zerlassen und die Zwiebelringe glasig dünsten. Fleisch und Peperoni beifügen und 10 Minuten schmoren, ab und zu umrühren.

Tomaten mit 1 Mokkalöffel schwarzem Pfeffer und 1 TL Salz zugeben und weiterschmoren, bis sie zergehen; gelegentlich umrühren. Die Kasserolle vom Herd nehmen.

Die Auberginenscheiben leicht ausdrücken und auf saugfähiges Papier legen. In einer Pfanne Öl erhitzen und die Auberginenscheiben von beiden Seiten braten, bis sie leicht braun sind. Mit einer Schaumkelle herausnehmen und auf ein Blech dicht nebeneinander legen. Den Ofen auf mittlere Temperatur vorheizen.

Das Hackfleisch über die Auberginenscheiben verteilen, ¼ l Wasser am Blechrand ringsherum zugießen und 1 TL Salz über das Gericht streuen. Mit Alufolie bedecken und bei mittlerer Hitze 30 Minuten backen. Die Folie abnehmen und bei starker Hitze weitere 5 Minuten backen.

Auberginen mit Hackfleisch gefüllt
Karnıyarık

6 mittelgroße Auberginen, möglichst gleich groß
3 mittelgroße Tomaten
3 mittelgroße Zwiebeln
2 EL Margarine
200 g Hackfleisch mit Fett
1 Knoblauchzehe
½ Mokkalöffel »Vier Gewürze«
1 Mokkatasse Sonnenblumenöl
6 frische Peperoni

◆ Die Auberginen schälen und einmal längs einschlitzen. In einer Schüssel 2 EL Salz in ½ l Wasser verrühren und die Auberginen 30 Minuten darin ziehen lassen.
Eine Tomate kurz in kochendes Wasser tauchen, häuten, entkernen und sehr klein schneiden. Die Zwiebeln sehr fein würfeln.
In einer Kasserolle Margarine zerlassen und die Zwiebeln glasig dünsten. Fleisch und Knoblauch zugeben und 10 Minuten schmoren, ab und zu umrühren. Die klein geschnittene Tomate mit »Vier-Gewürze« und 2 TL Salz zugeben und weiterschmoren, bis sie zergeht; gelegentlich umrühren. Die Kasserolle vom Herd nehmen.
Die Auberginen leicht ausdrücken. In einer Pfanne Öl erhitzen und die Auberginen von allen Seiten leicht anbraten. Mit einer Schaumkelle vorsichtig herausnehmen und gut abtropfen lassen. In einem flachen Topf so nebeneinander legen, dass die Schlitze oben sind. Die Schlitze mit Daumen und Zeigefinger öffnen, mit einem Esslöffel das Hackfleisch einfüllen und oben glatt streichen. Die übrigen Tomaten in halbfingerdicke Scheiben schneiden, die Peperoni anstechen und mit beidem die Füllung zudecken.
2 Mokkatassen Wasser in den Topf gießen und bei schwacher Hitze zugedeckt 30 Minuten kochen.
Vor dem Servieren die Auberginen vorsichtig herausnehmen.

Auberginenhälften mit Hackfleisch
Etli Patlıcan Dolması

6 große Auberginen,
möglichst gleich groß
2 mittelgroße Tomaten
2 mittelgroße Zwiebeln
1 Mokkatasse Reis
4 EL Margarine
400 g mageres Hackfleisch

◆ Die Auberginen schälen, längs halbieren und den Stiel abschneiden. Die Hälften mit einem Messer so aushöhlen, dass ein fingerdicker Rand bleibt. In einer Schüssel 2 EL Salz in ½ l Wasser verrühren und die Auberginenhälften 30 Minuten darin ziehen lassen.
Die Tomaten kurz in kochendes Wasser tauchen, häuten, entkernen und sehr klein schneiden. Die Zwiebeln fein würfeln. Den Reis waschen.
Die Auberginen leicht ausdrücken. In einer Pfanne Margarine zerlassen und die Auberginenhälften außen 4 Minuten anbraten. Mit einer Schaumkelle vorsichtig herausnehmen und gut abtropfen lassen. Nebeneinander auf ein Blech legen.
Das Fett in eine Kasserolle geben und die Zwiebeln glasig dünsten. Den Reis sowie 2 Mokkatassen warmes Wasser zugeben und bei mittlerer Hitze zugedeckt 10 Minuten kochen. Die Kasserolle vom Herd nehmen, Hackfleisch, Tomaten, 1 Mokkalöffel schwarzen Pfeffer und 1 TL Salz zugeben, 5 Minuten kneten. Den Ofen auf mittlere Temperatur vorheizen.
Die Auberginenhälften mit dem Hackfleisch so füllen, dass es mit dem Auberginenrand abschließt. 5 Mokkatassen Wasser auf das Blech gießen und das Ganze mit Alufolie bedecken. Bei mittlerer Hitze 40 Minuten backen. Dann die Folie abnehmen und die Auberginen weitere 10 Minuten backen.
Zum Servieren vorsichtig vom Blech nehmen.

Zucchini mit Hackfleisch gefüllt
Etli Kabak Dolması

1¼ kg kurze, dicke Zucchini
1 große Zwiebel
1 Bund Dill
1 Mokkatasse Reis
2 EL Margarine
300 g Hackfleisch mit Fett
3 große Tomaten
1 Bund Petersilie

◆ Die Zucchini dünn schälen, das Stielende abschneiden und die Zucchini mit einem schmalen Messer so aushöhlen, dass ein halbfingerdicker Rand bleibt. In eine Schüssel mit Wasser und 1 TL Salz legen, damit sie nicht braun werden. Die Zwiebel fein würfeln, den Dill hacken. Den Reis waschen.
In einer Kasserolle 1 EL Margarine zerlassen und die Zwiebel glasig dünsten. Den Reis mit 2 Mokkatassen warmem Wasser zugeben und bei mittlerer Hitze zugedeckt 10 Minuten kochen.
Die Kasserolle vom Herd nehmen. Reis, Fleisch, Dill, 1 Mokkalöffel schwarzen Pfeffer und 1 TL Salz vermischen, 5 Minuten gründlich kneten.
Die Zucchini aus dem Salzwasser nehmen und so füllen, dass zur Öffnung hin etwas Platz zum Quellen der Füllung bleibt. Mit der Öffnung nach oben dicht nebeneinander in einen Topf stellen, der mindestens 3 cm höher ist als die längste Zucchini. 2 Mokkatassen Wasser und 1 EL Margarine zugeben. Bei mittlerer Hitze zugedeckt 15 Minuten kochen.
Währenddessen die Tomaten kurz in kochendes Wasser tauchen, häuten, entkernen und klein schneiden. 4 Mokkatassen warmes Wasser, 2 TL Salz und die Tomaten auf den Zucchini verteilen, bei mittlerer Hitze zugedeckt weitere 30 Minuten kochen.
Vor dem Servieren mit fein gehackter Petersilie bestreuen.

Paprikaschoten mit Hackfleisch gefüllt
Etli Biber Dolması

12 mittelgroße Paprikaschoten
2 mittelgroße Zwiebeln
1 Mokkatasse Reis
5 EL Margarine
2 große Tomaten
1 Bund Dill
400 g Hackfleisch ohne Fett

◆ Die Deckel der Paprikaschoten halbfingerbreit abschneiden, die Schoten entkernen und gründlich waschen. Die Zwiebeln fein würfeln. Den Reis waschen.

In einer Kasserolle 2 EL Margarine zerlassen und die Zwiebeln glasig dünsten. Den Reis mit 2 Mokkatassen warmem Wasser zugeben und bei mittlerer Hitze zugedeckt 10 Minuten kochen. Währenddessen die Tomaten kurz in kochendes Wasser tauchen, häuten, entkernen und sehr klein schneiden. Den Dill hacken.

Die Kasserolle vom Herd nehmen. Reis, Hackfleisch, Tomaten, Dill, 1 Mokkalöffel schwarzen Pfeffer und 1 TL Salz vermischen, 5 Minuten gründlich kneten.

Alle Paprikaschoten mit dem Hackfleisch so füllen, dass zur Öffnung hin noch etwas Platz zum Quellen der Füllung bleibt. Die Deckel darauf setzen und die Schoten in einem flachen Topf so dicht nebeneinander anordnen, dass sie nicht umkippen können. Sollte von der Füllung noch etwas übrig bleiben, eine weitere grüne Tomate wie die Paprikaschote oben abschneiden, innen aushöhlen, füllen und zwischen die Schoten setzen; das Innere der Tomate über die Paprikaschoten verteilen. 3 Mokkatassen Wasser, 1 EL Margarine und 2 TL Salz zugeben, alles bei mittlerer Hitze zugedeckt 40 Minuten kochen.

Vorsichtig herausnehmen, damit die Paprikaschoten nicht einreißen, und servieren.

Weinblätter mit Hackfleisch gefüllt
Etli Yaprak Dolması

2 mittelgroße Zwiebeln
1 Bund Dill
1 Mokkatasse Reis
4 EL Margarine
350 g Weinblätter
600 g Hackfleisch vom Hammel mit Fett
250 g Joghurt

◆ Die Zwiebeln fein würfeln. Den Dill hacken. Den Reis waschen.
In einer Kasserolle 2 EL Margarine zerlassen und die Zwiebeln glasig dünsten, ab und zu umrühren. Den Reis mit 2 Mokkatassen warmem Wasser zugeben und bei mittlerer Hitze zugedeckt 10 Minuten kochen.
Die Weinblätter in 1 l Wasser aufsetzen und 5 Minuten kochen. Mit einer Schaumkelle herausnehmen und abkühlen lassen.
Die Kasserolle vom Herd nehmen. Reis, Hackfleisch, Dill, 1 Mokkalöffel schwarzen Pfeffer und 2 TL Salz vermischen, 5 Minuten gründlich kneten.
Die eingerissenen und kleinsten Weinblätter heraussortieren und aufheben. Die übrigen längs der Mittelader falten und mit dem Stiel die Ader abziehen. Mit der glatten Seite nach oben legen. Ein walnussgroßes Stück Hackfleisch auf das breite Blattende legen und so formen, dass es halbfingerlang und fingerdick wird. Das breite Ende und die beiden Seiten des Blattes über die Füllung legen und das Blatt wie eine Zigarette rollen; dabei darauf achten, dass die Seiten sich nicht öffnen.
Die aufgehobenen Blätter zuunterst in einen flachen Topf legen, die gefüllten Weinblätter nebeneinander darauf anordnen, 4 Mokkatassen warmes Wasser und 2 EL Margarine zugeben. Die Röllchen mit einem feuerfesten Teller bedecken und bei mittlerer Hitze im geschlossenen Topf 40 Minuten kochen. Wenn das Wasser vorher verkocht, etwas warmes Wasser nachgießen, sonst brennen die Röllchen trotz der untergelegten Weinblätter an.
Die Röllchen auf eine Platte geben, mit Joghurt übergießen und servieren.

Spinatwurzel mit Hammelragout
İspanak Kökü Terbiyeli

1 mittelgroße Zwiebel
2 EL Sonnenblumenöl
200 g feines Hammelgulasch ohne Fett
½ l Hammelbrühe
1 kg Spinatwurzeln
3 EL Butter
2 Eier
1 Zitrone (Saft)

◆ Die Zwiebel fein würfeln. In einer Kasserolle Öl erhitzen und das Fleisch mit der Zwiebel bei mittlerer Hitze zugedeckt 20 Minuten schmoren, bis der ausgetretene Saft verdampft ist; ab und zu umrühren. Währenddessen die Brühe anwärmen.
2 Mokkatassen Brühe, 1 Mokkalöffel schwarzen Pfeffer und – wenn die Brühe nicht gesalzen ist – 1 TL Salz zum Fleisch geben, einmal umrühren und alles bei schwacher Hitze zugedeckt 45 Minuten kochen.
Die Spinatwurzeln unter fließendem Wasser abbürsten, sehr dünn abschälen und in eine Schüssel mit Salzwasser legen. In einer mittelgroßen Pfanne Butter zerlassen. Die Wurzeln abtropfen lassen, trockentupfen und 15 Minuten dünsten; dabei öfter wenden.
Die Wurzeln in einen mittelgroßen Topf geben, das fertig gekochte Fleisch, 4 Mokkatassen Brühe und – wenn sie nicht gesalzen ist – 1 TL Salz zugeben. Bei mittlerer Hitze zugedeckt 30 Minuten kochen, bis die Wurzeln weich sind.
Kurz vor Ende der Garzeit in einer kleinen Schüssel die Eier mit einer Gabel schlagen. Zitronensaft und 1 Mokkatasse Brühe zugießen, mit dem Schneebesen gut vermischen und in das Gericht geben. Gut umrühren, die Kasserolle vom Herd nehmen und servieren.

Warmes Gemüse
Sıcak Sebze Yemekleri

Auberginen und Zucchini sind wegen ihrer vielseitigen Verwendung für warme Gerichte in der türkischen Küche sehr beliebt. Ob gebraten, gefüllt, gebacken oder gekocht, jeder Speise geben sie eine herzhafte Nuance und müssen deshalb nur wenig gewürzt werden. Durch ihre kräftigen Farben erfreuen sie zudem das Auge.

Die Schale der Aubergine hat jedoch einen strengbitteren Geschmack, der das Aroma einer Speise stört. Sie kann deswegen ganz oder, aus ästhetischen Gründen, auch teilweise entfernt werden. Dennoch bleibt es notwendig, durch Einlegen in Salz- oder Zitronenwasser die Bitterstoffe herauszuziehen. Diese Vorbereitung intensiviert zusätzlich den Geschmack der Auberginen.

Auberginen gebraten
Patlıcan Kızartması

1 kg lange Auberginen
3 kleine Tomaten
6 längliche grüne Paprikaschoten
3 Mokkatassen Sonnenblumenöl
250 g Joghurt
4 Knoblauchzehen

◆ Die Auberginen so schälen, dass fingerbreite Streifen der Schale abwechselnd stehen bleiben. Längs in halbfingerdicke Scheiben schneiden. Sind die Auberginen sehr dick, sie vorher einmal längs teilen. In einer Schüssel 2 EL Salz in ½ l Wasser verrühren und die Auberginen 30 Minuten darin ziehen lassen.
Währenddessen die Tomaten halbieren und die Paprika anstechen, damit sie beim Braten nicht platzen.
Die Auberginen leicht ausdrücken und trockentupfen. In einer großen Pfanne Öl stark erhitzen und die Auberginenscheiben von beiden Seiten braten, bis sie leicht bräunlich sind. Mit einer Schaumkelle herausnehmen, gut abtropfen lassen und auf einer Platte verteilen.
Die Tomaten in demselben Öl bei geschlossener Pfanne 3 Minuten braten. Die Auberginen damit garnieren. Den Joghurt mit 2 EL Wasser, 1 TL Salz und dem zerdrückten Knoblauch verquirlen und vor dem Servieren über die Auberginen gießen.

Zucchini-Puffer
Mücver

150 g Schafskäse
1 kg Zucchini
2 große Zwiebeln
2 Bund Dill
4 große Eier
300 g Mehl
2 Mokkatassen Olivenöl

◆ Den Schafskäse mit einer Gabel zerdrücken. Die Zucchini mit einem scharfen Messerrücken abschaben, entstielen und reiben. Die Zwiebeln reiben. Den Dill sehr fein hacken.
Das Gemüse mit Eiern, Schafskäse, Mehl, 1 Mokkalöffel schwarzem Pfeffer und 2 TL Salz vermischen, gut durchrühren.
In einer mittelgroßen Pfanne Öl stark erhitzen, bis feiner Rauch aufsteigt. Jeweils 1 EL Teig in die Pfanne geben und von beiden Seiten leicht braun braten.
Kalt servieren.

Zucchini gebraten
Kabak Tava

3 mittelgroße Zucchini
2 Mokkatassen Milch
4 große Tomaten
1 Knoblauchzehe
½ Mokkatasse Essig
3 EL Olivenöl
1 Bund Dill
2 EL geriebener Schafskäse
3 Mokkatassen Pflanzenöl
6 EL Mehl

◆ Die Zucchini mit einem scharfen Messerrücken abschaben, entstielen und in daumenbreite Scheiben schneiden. 1 Mokkalöffel Salz darüber streuen, mit Milch übergießen, einmal umrühren und 30 Minuten ziehen lassen.
Währenddessen die Tomaten kurz in kochendes Wasser tauchen, häuten, entkernen und sehr klein schneiden. Den Knoblauch zerdrücken und mit Essig verrühren.
In einer Kasserolle Olivenöl erhitzen und den Knoblauch 3 Minuten dünsten, bis der Essig verdampft ist. Die Tomaten zugeben und bei schwacher Hitze 10 Minuten dünsten, ab und zu umrühren.
Die Kasserolle vom Herd nehmen. Den Dill fein hacken und mit dem Schafskäse zugeben. Einmal umrühren und kalt stellen.
In einer mittelgroßen Pfanne Pflanzenöl erhitzen. Die Zucchinischeiben in Mehl panieren und in der Pfanne von beiden Seiten leicht braun braten. Mit einer Schaumkelle herausnehmen und gut abtropfen lassen.
Vor dem Servieren mit Sauce übergießen.

Auberginenmus
Patlıcan Beğendi

1¼ kg Auberginen
1 Zitrone (Saft)
4 EL Butter
2 EL Mehl
¼ l Milch
50 g geriebener Kaşar oder Gouda
10 schwarze Oliven

◆ Die Auberginen auf die Herdplatte, den Holzkohlengrill oder in eine Gasflamme (direkt auf den Brenner) legen. Drehen und wenden, bis die Schale verbrannt aussieht und die Auberginen innen weich sind. Vom Stiel her schälen, in eine Schüssel geben, ¾ l Wasser und Zitronensaft zugießen. 15 Minuten ziehen lassen.
In einem mittelgroßen Topf aus Butter und Mehl eine Schwitze zubereiten. Den Topf vom Herd nehmen, bevor das Mehl gelb wird. Die Milch erwärmen.
Die Auberginen leicht ausdrücken und in den Topf mit der Mehlschwitze geben. Die Auberginen mit der Schwitze verquirlen, 2 TL Salz und Milch unter ständigem Rühren zugeben. Bei mittlerer Hitze kochen und rühren, bis ein dickes Mus entsteht. Den Käse zugeben, einmal umrühren und den Topf vom Herd nehmen.
Vor dem Servieren rundum mit Oliven garnieren.

Auberginen gebacken
Ekşili Patlıcan

1¼ kg Auberginen
2 Mokkatassen Olivenöl
2 große Zwiebeln
3 große Tomaten
1 Bund Petersilie
6 Knoblauchzehen
1 TL Zucker
1 Zitrone (Saft)

◆ Die Auberginen so schälen, dass fingerbreite Streifen der Schale abwechselnd stehen bleiben. In runde fingerdicke Scheiben schneiden. In einer Schüssel 2 EL Salz in ½ l Wasser verrühren und die Auberginen 30 Minuten darin ziehen lassen. Leicht ausdrücken und trockentupfen. In einer großen Pfanne Öl erhitzen und die Auberginenscheiben von beiden Seiten braten, bis sie leicht bräunlich sind. Mit einer Schaumkelle herausnehmen, gut abtropfen lassen und auf einem Blech verteilen.
Die Zwiebeln in dünne halbe Ringe schneiden. Die Tomaten kurz in kochendes Wasser tauchen, häuten und sehr klein schneiden. Petersilie und Knoblauch fein hacken. Den Ofen auf mittlere Temperatur vorheizen.
Die Zwiebelringe im Öl der Auberginen glasig dünsten. Mit dem Öl über die Auberginen geben. Tomaten, Petersilie, Knoblauch, 2 TL Salz, Zucker und 5 Mokkatassen Wasser gut darauf verteilen, das Blech mit Alufolie bedecken. Bei mittlerer Hitze eine Stunde backen, bis das Wasser verdampft ist. Mit Zitronensaft beträufeln und ohne Folie weitere 15 Minuten backen, bis die Oberseite schön braun ist.
Herausnehmen und kalt stellen. Kalt servieren.

Möhren gebraten
Havuç Kızartması

1 kg Möhren
3 EL Mehl
1 Ei
1 Mokkatasse Sonnenblumenöl
250 g Joghurt

◆ Die Möhren putzen. In einem Topf mit Wasser vollständig bedecken, 2 TL Salz zugeben und bei mittlerer Hitze zugedeckt 20 Minuten kochen. Abgießen und kalt stellen.
Das Mehl mit Ei und 4 EL Wasser gut verrühren. Die Möhren längs schräg in dünne Scheiben schneiden. In einer mittelgroßen Pfanne Öl erhitzen. Die Möhrenscheiben nacheinander in die Mehlsauce tunken und von beiden Seiten leicht braun braten.
Vor dem Servieren mit geschlagenem Joghurt übergießen.

Auberginen-Börek
Patlıcan Böreği

750 g große, dicke Auberginen
5 Mokkatassen Sonnenblumenöl
350 g Schafskäse
1 Bund Petersilie
5 Eier
250 g Paniermehl

◆ Die Auberginen längs in fingerdicke Scheiben schneiden, dann jede Scheibe quer dreiteilen. In einer Schüssel in 2 EL Salz wenden, bis sie rundum gut gesalzen sind, und 30 Minuten ziehen lassen. Unter fließendem Wasser gründlich waschen, abtropfen lassen und auf saugfähiges Papier legen. In einer Pfanne Öl stark erhitzen und die Auberginen von beiden Seiten anbraten, bis sie leicht bräunlich sind. Mit einer Schaumkelle herausnehmen und gut abtropfen lassen. Haben die Auberginen zu viel Öl aufgesaugt, sie auf saugfähiges Papier legen und einmal wenden. Kalt stellen.
Den Schafskäse mit einer Gabel zerdrücken. Die Petersilie sehr fein hacken. Schafskäse, Petersilie und drei Eier vermischen, 5 Minuten gut durchkneten. Die Auberginenstücke mit der Paste bestreichen und mit einem unbestrichenen Stück bedecken. In einem tiefen Teller die restlichen Eier mit der Gabel schlagen. Die Schnitten darin wenden, in Paniermehl wälzen und im Öl der Auberginen von beiden Seiten goldbraun braten.
Warm servieren.

Kartoffelkroketten mit Käse gefüllt
Patates Dolması

6 große Kartoffeln
2 Eier
2 Bund Petersilie
200 g geriebener Kaşar oder Schweizer Käse
2 Mokkatassen Paniermehl

◆ Die Kartoffeln mit Schale weich kochen. Pellen, pürieren, ein ganzes Ei, das zweite Eiweiß und 2 TL Salz gut unterrühren. Petersilie sehr fein hacken und mit Käse und Eigelb gründlich kneten. Eigroße Mengen des Pürees zu einer Kugel formen, mit dem Finger eine tiefe Öffnung hineindrücken, mit dem Käse-Petersilie-Gemisch füllen und erneut zu einer Kugel rollen. Die Fritteuse vorheizen.
Das Paniermehl auf einem flachen Teller verteilen. Die Kugeln darin wenden und im heißen Öl knusprig braun frittieren.

Pikant gefüllte Kichererbsen-Taschen
Topik

am Vortag beginnen

900 g Kichererbsen
4 mittelgroße Frühkartoffeln
4½ kg Zwiebeln
1 Mokkatasse Pinienkerne
1 Mokkatassen Korinthen
2 Mokkalöffel Piment
1 EL Kimyon
½ Mokkalöffel Cayennepfeffer
900 g Sesampüree aus der Dose (Tabin)
1 Mokkatasse Olivenöl
1 Zitrone (Saft)

12 Leinentücher in Taschentuchgröße zum Filtern

◆ Die Kichererbsen in 2 l lauwarmem Wasser über Nacht einweichen.
Am nächsten Tag in 2 l Wasser aufsetzen, 2 TL Salz zugeben und kochen, bis sie weich, aber noch etwas fest sind. Die Kartoffeln mit Schale kochen.
Währenddessen die Zwiebeln in halbe Ringe schneiden, in einem großen Topf mit Wasser bedecken, einmal aufkochen. Durch ein Sieb abgießen und gut abtropfen lassen. In einer großen Pfanne Zwiebeln, Pinienkerne, Korinthen, Piment, Kimyon, Cayennepfeffer, 1 EL Salz und Sesampüree gut miteinander vermischen. Bei schwacher Hitze zugedeckt dünsten.
Die Kartoffeln abgießen, pellen und klein würfeln. Die Kichererbsen abgießen und mit den Kartoffeln vermischen, 1 Mokkalöffel schwarzen Pfeffer hinzufügen und alles fein pürieren. Je eine orangengroße Menge des Pürees auf den Leinentüchern zu einem daumendicken Viereck flach drücken.
Die Zwiebelmischung vom Herd nehmen und jeweils in der Mitte des Pürees häufen. Die Vierecke über der Füllung schließen, indem nacheinander die jeweils gegenüberliegenden Ecken des Tuches angehoben und über die Füllung gelegt werden: Das Tuch ist dann oben vollständig geschlossen.
In einem ausreichend großen Topf 1 l Wasser mit 1 EL Salz zum Kochen bringen und jeweils vier Taschen gleichzeitig 20 Minuten darin kochen.
Abkühlen lassen. Öl und Zitronensaft verquirlen und vor dem Servieren über die geöffneten Taschen träufeln.

Spinat mit Knoblauch-Joghurt
İspanak Kavurması Yoğurtlu

2½ kg Spinatblätter
7 große Zwiebeln
5 EL Margarine
4 Mokkatassen Fleischbrühe
5 Knoblauchzehen
500 g Joghurt

◆ Den Spinat gründlich waschen, harte und weiche Blätter trennen. Die Zwiebeln fein würfeln.
In einen mittelgroßen Topf zuunterst die harten Spinatblätter geben, die weichen darauf legen. ¼ l Wasser und 1 TL Salz beifügen, zugedeckt zum Kochen bringen und 5 Minuten dämpfen. Den Topf vom Herd nehmen, den Spinat durch ein Sieb abgießen, die harten Blätter entfernen und die übrigen etwas ausdrücken. Je nach Geschmack klein schneiden oder pürieren.
In einem mittelgroßen Topf Margarine zerlassen und die Zwiebeln glasig dünsten. Den Spinat mit 2 TL Salz zugeben und unter ständigem Rühren 10 Minuten dünsten. Die Brühe zugießen und bei schwacher Hitze zugedeckt weitere 10 Minuten dünsten.
Den Knoblauch zerdrücken und mit einer Gabel unter den Joghurt mischen. Den Spinat mit 2 Mokkalöffel schwarzem Pfeffer würzen, einmal umrühren und vom Herd nehmen. Vor dem Servieren mit dem Joghurt übergießen.

Blumenkohl gebraten
Tavada Karnabahar

1 kg Blumenkohl
1 Zitrone (Saft)
2 Eier
30 g Mehl
1 Mokkatasse geriebener Kaşar oder Gouda
2 Mokkatassen Pflanzenöl
250 g Joghurt

◆ Den Blumenkohl von Strunk und Blättern befreien. In einem großen Topf mit Wasser bedecken und zum Kochen bringen. 1 EL Salz und Zitronensaft zugeben, bei mittlerer Hitze zugedeckt 15 Minuten kochen. Währenddessen die Eier in einer flachen Schale verrühren.
Das Wasser abgießen, den Blumenkohl abkühlen lassen. Die Röschen lösen, nacheinander in Mehl, Ei und Käse wälzen. Öl stark erhitzen und die Röschen darin wenden, bis sie von allen Seiten leicht braun sind.
Vor dem Servieren mit geschlagenem Joghurt übergießen.

Kaltes Gemüse
Zeytinyağlılar

In Olivenöl gedünstete Gemüsegerichte sind außerordentlich beliebt in der Türkei. Weil sie kalt gegessen werden, sind sie typische Sommerspeisen. Erst die besondere Zubereitung führt dazu, dass trotz des verwendeten Olivenöls das Gericht nicht schwer wird. Grundlage der Gemüsegerichte ist die Sauce, die durch das vorsichtige Dünsten fein geschnittener Gemüsezwiebeln entsteht. Mit etwas Zucker abgeschmeckt verbindet sie sich mit dem Gemüsesaft, der das Öl fast vollständig aufnimmt, so seine Nährstoffe erhält und seinen Geschmack entfaltet. Das feine süß-saure Aroma kann je nach Eigengeschmack der verwendeten Gemüsearten durch Zugabe von Zitronensaft variiert werden.

Da sich jede Gemüseart für diese Zubereitung eignet, lässt sich der Speiseplan der Sommermonate vielfältig gestalten. Der Fantasie in der Kombination der Zutaten sind kaum Grenzen gesetzt.

Kalte Gemüsegerichte lassen sich an einem kühlen Ort mehrere Tage aufbewahren.

Ayşekadın-Bohnen in Olivenöl
Ayşekadın Fasulyesi Zeytinyağlı

3 mittelgroße Zwiebeln
2 große Tomaten
1 kg Ayşekadın oder grüne Bohnen
2 Mokkatassen Olivenöl
1 TL Zucker

◆ Die Zwiebeln sehr fein würfeln. Die Tomaten kurz in kochendes Wasser tauchen, häuten, entkernen und klein schneiden. Beides miteinander vermischen, 1 TL Salz darüber streuen und mit den Händen 3 Minuten fest kneten; ziehen lassen.
Die Bohnen putzen, in der Mitte quer halbieren, unter fließendem Wasser waschen und in einen flachen Topf geben. Sind die Bohnen etwas hart, sie in der Pfanne in 1 Mokkatasse Öl unter ständigem Rühren kurz andünsten. Mit einer Schaumkelle herausnehmen und gut abtropfen lassen.
Das Zwiebel-Tomaten-Gemisch in demselben Öl unter ständigem Rühren 5 Minuten dünsten. Zu den Bohnen geben. Das restliche Öl und Zucker beifügen. Bei starker Hitze zugedeckt 10 Minuten dünsten, dabei häufig den geschlossenen Topf aufschütteln, damit die Bohnen nicht ansetzen.
1 Mokkalöffel schwarzen Pfeffer sowie ¾ l heißes Wasser zugeben und die Bohnen bei mittlerer Hitze zugedeckt 30 Minuten kochen.
Kalt servieren.

Feuerbohnen in Olivenöl
Barbunya Fasulyesi Zeytinyağlı

1 kg frische Feuerbohnen
3 mittelgroße Tomaten
2 mittelgroße Möhren
2 große Zwiebeln
4 Knoblauchzehen
2 Mokkatassen Olivenöl
1 TL Zucker
1 Bund Petersilie

◆ Die Feuerbohnen aus den Schoten lösen und unter fließendem Wasser waschen. In 1½ l Wasser aufsetzen und 20 Minuten kochen.
Währenddessen die Tomaten kurz in kochendes Wasser tauchen, häuten, entkernen und klein schneiden. Die Möhren putzen, längs halbieren und in fingerlange Stücke schneiden. Zwiebeln und Knoblauch reiben.
Die Bohnen abgießen und mit dem anderen Gemüse in einen flachen Topf geben. Öl, Zucker, 2 TL Salz und 2 Mokkatassen Wasser zugeben, den Topf gut schließen. 10 Minuten bei starker, dann 20 Minuten bei mittlerer Hitze kochen, bis die Bohnen leicht zu zerdrücken sind.
Das Gericht in einer Schüssel kalt stellen. Vor dem Servieren mit fein gehackter Petersilie bestreuen.

Gemüsetopf mit weißen Bohnen

Fasulye Pilaki Kayseri Usulü

am Vortag beginnen

400 g weiße Bohnen
4 mittelgroße Möhren
2 Bund Sellerie
1 frische Peperoni
4 Knoblauchzehen
1 Mokkatasse Olivenöl
1 TL Zucker
2 große Tomaten
1 TL Tomatenmark
1 Bund Petersilie

◆ Die Bohnen in 1 l Wasser über Nacht quellen lassen.
Am nächsten Tag waschen, in ¾ l Wasser aufsetzen und bei mittlerer Hitze zugedeckt eine Stunde kochen.
Währenddessen die Möhren putzen und in halbfingerbreite Scheiben schneiden. Den Sellerie gründlich waschen und klein hacken. Die Peperoni halbieren, entkernen und in dünne Ringe schneiden. Den Knoblauch in dünne Scheiben schneiden.
10 Minuten bevor die Bohnen fertig gekocht sind, in einer kleinen Kasserolle ½ Mokkatasse Öl erhitzen und den Knoblauch glasig dünsten. Peperoni zugeben und 3 Minuten rühren. 2 Mokkatassen Bohnenwasser zugießen, einmal aufkochen und die Kasserolle vom Herd nehmen. Das Bohnenwasser bis auf knapp ½ l abgießen.
Möhren, Sellerie, Zucker, 1 TL schwarzen Pfeffer, 2 TL Salz, den Inhalt der Kasserolle und das Bohnenwasser zu den Bohnen geben, bei mittlerer Hitze zugedeckt 30 Minuten kochen.
Währenddessen die Tomaten kurz in kochendes Wasser tauchen, häuten, entkernen und klein schneiden. Das Tomatenmark in einer Tasse mit 2 EL Gemüsewasser verrühren. Beides in den Gemüsetopf geben und weitere 15 Minuten kochen. Nach 10 Minuten das restliche Öl zugießen.
Das Gericht abkühlen lassen. Mit fein gehackter Petersilie bestreuen, solange es noch warm ist. Kalt servieren.

Pferdebohnen in Olivenöl
Zeytinyağlı Bakla

1½ kg frische Pferdebohnen
½ Zitrone (Saft)
1 Bund Dill
½ Bund frische Minze
3 Bund dünne Lauchzwiebeln
2 Mokkatassen Olivenöl
2 TL Zucker

1 Blatt Butterbrotpapier

◆ Die Bohnen putzen, in kaltes Wasser legen und dann unter fließendem Wasser waschen. In einer Schüssel in Zitronensaft und 2 TL Salz wenden, bis sie beides aufgesogen haben. Dill und Minze fein hacken. Die Lauchzwiebeln auf Bohnenlänge schneiden.
In einen flachen Topf eine Schicht Bohnen legen, Dill und Minze darauf verteilen, die Hälfte der Lauchzwiebeln darauf legen und mit einer Mischung aus Bohnen und Lauchzwiebeln abschließen. Öl, Zucker und 4 Mokkatassen Wasser zugeben.
Das angefeuchtete Butterbrotpapier zerknüllen, das Gemüse damit bedecken und den Topf gut schließen. 10 Minuten bei starker, dann 60 Minuten bei mittlerer Hitze kochen.
Den Topf vom Herd nehmen, kalt stellen und kalt servieren.

Artischocken in Olivenöl
Enginar Zeytinyağlı

2 Zitronen (Saft)
6 große Artischocken
2 mittelgroße Zwiebeln
2 Mokkatassen Olivenöl
1 TL Zucker

◆ In einer ausreichend großen Schüssel den Saft von eineinhalb Zitronen mit ½ l kaltem Wasser verrühren. Den Stiel der Artischocken direkt unter dem Blütenkopf abbrechen. Das obere Drittel des Blütenkopfes mit den fleischlosen Jungblättern und den Samenfäden abschneiden. Die äußeren, holzigen Blätter abziehen, die übrigen stutzen. Die Artischocken gründlich waschen. Den harten Boden abschneiden und die Artischockenherzen sofort in das Zitronenwasser legen, damit die Schnittstelle weiß bleibt. Die Zwiebeln fein würfeln.
In einem flachen Topf (nicht aus Aluminium) Öl erhitzen und die Zwiebeln glasig dünsten. 1 Mokkatasse heißes Wasser, Zucker, 1 TL Salz, den restlichen Zitronensaft und die Artischocken mit dem Boden nach unten zugeben. Bei schwacher Hitze zugedeckt 25 Minuten kochen.
Kalt stellen.

Pferdebohnen mit Artischocken

Taze Bakla ve Enginar Zeytinyağlı

10 EL Mehl
1½ Zitronen (Saft)
6 große Artischocken
18 Schalotten
1 kg frische Pferdebohnen
2 Mokkatassen Olivenöl
2 TL Zucker
1 Bund Dill

1 Bogen Fettpapier

◆ In einer ausreichend großen Schüssel Mehl und den Saft einer Zitrone in 1½ l lauwarmem Wasser verrühren.

Den Stiel der Artischocken direkt unter dem Blütenkopf abbrechen. Das obere Drittel des Blütenkopfes mit den fleischlosen Jungblättern und den Samenfäden abschneiden. Artischocken gründlich waschen. Den harten Boden abschneiden und die Artischockenherzen sofort in die Tunke legen, damit die Schnittstelle weiß bleibt. Die Schalotten zugeben.

Die Bohnen putzen und am Rücken einritzen, damit sie besser weich werden. Die Hälfte der Tunke abgießen und den Schüsselinhalt in einen flachen Topf geben. Bohnen, Öl, den Saft der halben Zitrone, Zucker und 2 TL Salz zugeben. Das Fettpapier zerknüllen und das Gemüse damit bedecken. Bei starker Hitze zugedeckt 10 Minuten kochen.

Die Artischocken herausnehmen, wenn sie weich sind. Die Bohnen bei mittlerer Hitze weitere 60 Minuten kochen. Zusammen mit den Artischocken kalt stellen.

Vor dem Servieren mit fein gehacktem Dill bestreuen.

Pferdebohnen-Püree in Olivenöl

Fava

am Vortag beginnen

500 g trockene Pferdebohnen
2 große Zwiebeln
2 Mokkatassen Olivenöl
1 TL Zucker
1 Bund Dill
1 Zitrone (Saft)

◆ Die Bohnen in 1½ l Wasser über Nacht quellen lassen.

Am nächsten Tag häuten und waschen. Die Zwiebeln vierteln. Bohnen, Zwiebeln, Öl, Zucker und 2 TL Salz mit ¾ l Wasser in einen flachen Topf geben. Bei mittlerer Hitze zugedeckt 60 Minuten kochen, bis die Bohnen sehr weich sind.

Die Masse durch ein Sieb streichen. Den Dill fein hacken und darüber geben. Einmal aufkochen und kalt stellen.

Vor dem Servieren mit Zitronensaft übergießen.

Topinambur in Olivenöl
Zeytinyağlı Yerelması

1 kg Topinambur-Knollen
2 große Zwiebeln
2 Mokkatassen Olivenöl
1 Mokkatasse Rundkornreis
1 TL Zucker
1 Zitrone (Saft)
1 Bund Fenchelkraut

◆ Die Topinambur schälen, walnussgroß würfeln, waschen und im Wasser liegen lassen. Die Zwiebeln reiben. In einem flachen Topf Öl erhitzen und die Zwiebeln unter ständigem Rühren 5 Minuten dünsten. Die Knollen abgießen, zugeben und mit 2 Mokkatassen heißem Wasser übergießen. Bei mittlerer Hitze zugedeckt 10 Minuten kochen.
Währenddessen in einer Schüssel 2 Mokkatassen heißes Wasser mit 2 TL Salz verrühren und den Reis 10 Minuten einweichen.
Zucker, 1 TL Salz und ½ l warmes Wasser zu den Topinambur geben. Bei mittlerer Hitze zugedeckt 30 Minuten kochen, bis die Knollen weich sind.
Den Reis spülen, abtropfen lassen. 2 Mokkatassen Wasser in den Topf geben und den Reis 20 Minuten kochen. Das restliche Wasser abgießen, Reis und Zitronensaft zu den Topinambur geben, einmal umrühren und bei mittlerer Hitze zugedeckt weitere 5 Minuten kochen.
Das Gericht kalt stellen. Mit fein gehacktem Fenchelkraut bestreuen, solange es noch warm ist. Kalt servieren.

Sellerie in Olivenöl
Kereviz Zeytinyağlı

1 kg Selleriewurzel
3 mittelgroße Frühkartoffeln
3 kleine Möhren
2 Mokkatassen Olivenöl
25 Schalotten
1 TL Zucker
1 Zitrone (Saft)
1 Bund Petersilie

◆ Sellerie, Kartoffeln und Möhren schälen, in fingerdicke Scheiben schneiden und in kaltes Wasser legen.
In einem flachen Topf Öl erhitzen, die Schalotten darin wenden und 10 Minuten ziehen lassen. Gemüse, Zucker, 2 TL Salz und ¾ l Wasser zugeben, den Topf gut schließen. 10 Minuten bei starker, dann 60 Minuten bei schwacher Hitze kochen, bis der Sellerie sehr weich ist.
Den Topf vom Herd nehmen und kalt stellen. Zitronensaft und fein gehackte Petersilie darüber geben, solange das Gericht noch warm ist. Kalt servieren.

Porree in Olivenöl
Pırasa Zeytinyağlı

1 Mokkatasse Rundkornreis
1½ kg Porree
4 mittelgroße Möhren
2 mittelgroße Zwiebeln
2 Mokkatassen Olivenöl
1 TL Zucker
1 Zitrone (Saft)

◆ In einer Schüssel 2 Mokkatassen heißes Wasser mit 1 TL Salz verrühren und den Reis 10 Minuten einweichen.
Den Porree putzen, in halbfingerlange Stücke schneiden und unter fließendem Wasser gründlich waschen. Die Möhren putzen und in halbfingerdicke Scheiben schneiden. Die Zwiebeln sehr fein würfeln. Den Reis abgießen und unter kaltem Wasser spülen, bis das Wasser klar bleibt.
In einem flachen Topf Öl erhitzen und die Zwiebeln dünsten. Kurz bevor sie glasig werden, Möhren und Reis zugeben, 3 Minuten rühren. Porree, Zucker, 1 TL Salz und 2 Mokkatassen heißes Wasser zugeben, einmal umrühren und den Topf gut schließen. 5 Minuten bei starker, dann 40 Minuten bei schwacher Hitze kochen.
Den Topf vom Herd nehmen und kalt stellen. Zitronensaft zugeben, solange das Gericht noch warm ist, damit die Vitamine nicht zerstört werden und der Geschmack sich dennoch gut mit dem Gericht vermischen kann.

Porree auf ägäische Art
Pırasa Ege Usulü

1½ kg Porree
2 Mokkatassen Olivenöl
¼ l lieblicher Weißwein
1 kleine Zitrone (Saft)
2 Lorbeerblätter
1 TL Salz
1 Mokkalöffel Pfefferkörner

◆ Den Porree putzen, in halbfingerlange Stücke schneiden und unter fließendem Wasser gründlich waschen.
In einem flachen Topf Öl erhitzen und den Porree bei mittlerer Hitze 10 Minuten dünsten, ab und zu wenden. ¼ l warmes Wasser und die übrigen Zutaten einrühren, den Topf schließen. 5 Minuten bei starker, dann 40 Minuten bei schwacher Hitze kochen. Abkühlen lassen und kalt servieren.

Porree auf Konyaer Art
Pırasa Konya Usulü

1 Mokkatasse Sultaninen
1½ kg Porree (dünne Stangen)
2 Mokkatassen Olivenöl
2 große Tomaten
2 Mokkatassen Mehl
1 TL Zucker
1 Zitrone (Saft)
12 schwarze Oliven

◆ Die Sultaninen in einem Schälchen mit 2 Mokkatassen heißem Wasser einweichen. Den Porree putzen, in halbfingerlange Stücke schneiden und unter fließendem Wasser gründlich waschen.
In einem flachen Topf Öl erhitzen und den Porree bei mittlerer Hitze zugedeckt 10 Minuten dünsten, ab und zu den geschlossenen Topf aufschütteln.
Die Tomaten kurz in kochendes Wasser tauchen, häuten, entkernen und sehr klein schneiden. In einer Schüssel das Mehl in 4 Mokkatassen lauwarmem Wasser verrühren. 1 Mokkalöffel schwarzen Pfeffer, 2 TL Salz, Zucker, Tomaten und den Saft einer halben Zitrone gut unterrühren, ziehen lassen. Die Oliven entsteinen. Die Sultaninen abgießen. Beides mit dem Mehl-Tomaten-Gemisch zum Porree geben, einmal umrühren und den Topf gut schließen. 5 Minuten bei starker, dann 40 Minuten bei schwacher Hitze kochen.
Den Topf vom Herd nehmen und kalt stellen. Zitronensaft darüber geben, solange das Gericht noch warm ist. Kalt servieren.

Gefüllte Weinblätter in Olivenöl

Yaprak Dolması Zeytinyağlı

250 g Weinblätter
½ Zitrone (Saft)

für die Füllung:
1 Mokkatasse Korinthen
200 g Rundkornreis
7 große Zwiebeln
1 große Tomate
1 Bund Dill
½ Bund frische Minze
2 Mokkatassen Olivenöl
½ Mokkatasse Pinienkerne
1 Mokkalöffel Piment
1 Mokkalöffel gemahlener Zimt
2 TL Zucker

1 Blatt Fettpapier

◆ Für die Füllung die Korinthen in einem Schälchen in 2 Mokkatassen heißem Wasser einweichen. In einer mittelgroßen Schüssel 1 EL Salz in ½ l heißem Wasser verrühren und den Reis 30 Minuten einweichen.

Währenddessen die Zwiebeln sehr fein würfeln. Die Tomate kurz in kochendes Wasser tauchen, häuten, entkernen und klein schneiden. Dill und Minze fein hacken.

Den Reis vier Mal unter kaltem Wasser spülen und gut abtropfen lassen. Die Korinthen abgießen.

In einer großen Kasserolle Öl erhitzen, Zwiebeln und Pinienkerne unter ständigem Rühren dünsten, bis die Zwiebeln gelb sind. Den Reis zugeben und weiterrühren, bis er anzusetzen beginnt. 1 Mokkatasse heißes Wasser, Tomaten, Dill, Minze, 1 TL schwarzen Pfeffer, Piment, Zimt, Zucker und 2 TL Salz zugeben, einmal umrühren. Bei schwacher Hitze zugedeckt 15 Minuten kochen, bis der Reis quillt. Die Kasserolle vom Herd nehmen und abkühlen lassen.

Währenddessen in einem flachen Topf ¾ l Wasser zum Kochen bringen. Weinblätter hineingeben und 5 Minuten kochen. Das Wasser abgießen, die Weinblätter mit einer Schaumkelle herausnehmen, gut abtropfen und abkühlen lassen. Die eingerissenen und kleinsten Weinblätter heraussortieren und zuunterst in den flachen Topf legen. Das Fettpapier mit einer Gabel gleichmäßig eng durchlöchern und darüber legen – das verhindert das Anbrennen der gefüllten Weinblätter. Die übrigen Blätter längs der Mittelader falten und mit dem Stiel die Ader abziehen. Mit der glatten Seite nach oben legen. Eine walnussgroße Menge der Füllung auf das breite Blattende legen und so formen, dass sie halbfingerlang und fingerdick wird. Das breite Ende und die beiden Seiten des Blattes über die Füllung legen und das Blatt wie eine Zigarette rollen; dabei darauf achten, dass die Seiten sich nicht öffnen.

Die gefüllten Weinblätter neben- und übereinander in den Topf legen, Zitronensaft und 2 Mokkatassen Wasser darüber gießen. Die Röllchen mit einem feuerfesten Teller bedecken und bei mittlerer Hitze im geschlossenen Topf eine Stunde kochen. Den Topf vom Herd nehmen, kalt stellen und kalt servieren.
Beilagen: Joghurt, Zitronensaft

Zucchini in Olivenöl
Zeytinyağlı Kabak

1 kg Zucchini
2 große Tomaten
6 mittelgroße Zwiebeln
9 Knoblauchzehen
1 Bund Petersilie
2 Mokkatassen Olivenöl
1½ TL Zucker

◆ In einem flachen Topf 1 EL Salz in kaltem Wasser verrühren. Die Zucchini mit einem scharfen Messerrücken abschaben, entstielen, längs vierteln – wenn sie sehr dick sind, auch entkernen – und in fingerbreite Scheiben schneiden. Sofort ins Salzwasser geben, damit sie nicht braun werden.
Die Tomaten kurz in kochendes Wasser tauchen, häuten und sehr klein schneiden. Die Zwiebeln in dünne halbe Ringe schneiden. Knoblauch und Petersilie fein hacken.
In einer mittelgroßen Kasserolle 1 Mokkatasse Öl erhitzen und die Zwiebelringe glasig dünsten. Tomaten, Knoblauch, Petersilie und 1 TL Salz zugeben, gut umrühren. Die Kasserolle vom Herd nehmen und die Mischung ziehen lassen.
Die Zucchini abgießen. Den Topf auf den Herd stellen, je 1 Mokkatasse Öl und Wasser zugießen. Die Zucchini bei starker Hitze zugedeckt 10 Minuten kochen.
Die Tomaten-Zwiebel-Mischung, Zucker sowie 4 Mokkatassen heißes Wasser zugeben und alles bei mittlerer Hitze zugedeckt weitere 45 Minuten kochen.
Den Topf vom Herd nehmen, kalt stellen und kalt servieren.

Gefüllte Weißkohlwickel in Olivenöl
Lahana Dolması Zeytinyağlı

2½ kg dünne Weißkohlblätter

1 Blatt Fettpapier

Füllung wie Seite 128

◆ Während der Reis quillt und die Füllung abkühlt, die Kohlblätter in einem Topf mit ¾ l Wasser und 3 EL Salz zum Kochen bringen. Das Wasser abgießen, die Kohlblätter mit einer Schaumkelle herausnehmen, gut abtropfen und abkühlen lassen. Die starken Mitteladern der Blätter herausschneiden und die Blätter in Streifen teilen, die an einem Ende mindestens handrückenbreit sind. Adern und Blattreste zuunterst in den Topf legen. Das Fettpapier mit einer Gabel gleichmäßig eng durchlöchern und darüber legen – das verhindert das Anbrennen der gefüllten Kohlblätter. Je 1 EL Füllung auf das breite Blattende legen und so formen, dass sie halbfingerlang und fingerdick wird. Das breite Ende und die beiden Seiten des Blattes über die Füllung legen und das Blatt wie eine Zigarette rollen. Dabei darauf achten, dass die Seiten sich nicht öffnen. Die gefüllten Kohlblätter neben- und übereinander in den Topf legen, 2 Mokkatassen Wasser darüber gießen. Die Röllchen mit einem feuerfesten Teller bedecken und bei mittlerer Hitze im geschlossenen Topf 40 Minuten kochen, bis das Wasser vollständig verdampft ist.
Den Topf vom Herd nehmen, abkühlen lassen und kalt servieren.

Auberginen in Olivenöl
Patlıcan Dolması Zeytinyağlı

6 große Auberginen
2 Mokkatassen Olivenöl
2 große Tomaten

Füllung wie Seite 128

◆ Während der Reis quillt und die Füllung abkühlt, die Auberginen entstielen, aushöhlen und quer halbieren. In einer Pfanne Öl erhitzen und die Auberginen unter ständigem Wenden 3 Minuten braten. Die Auberginen füllen und die Öffnungen mit den äußeren Scheiben der Tomaten verschließen. Das Tomateninnere in den Topf geben. Die gefüllten Auberginen flach nebeneinander in den Topf legen, 1 TL Salz und 2 Mokkatassen Wasser zugeben. Bei mittlerer Hitze zugedeckt 40 Minuten kochen, bis das Wasser vollständig verdampft ist.
Den Topf vom Herd nehmen, abkühlen lassen und kalt servieren.

Gefüllte Miesmuscheln
Midye Dolması

40 große Miesmuscheln

Füllung wie Seite 128

◆ Die Muscheln in einer Schüssel mit 5 EL Salz wenden und stehen lassen. Die Füllung vorbereiten. Während der Reis quillt und die Füllung abkühlt, die Muscheln kräftig abbürsten und gründlich waschen. Mit einem spitzen scharfen Messer öffnen, aufbiegen, das Muschelfleisch mit der Messerspitze rundum lösen, und einseitig längs aufschneiden. (Die Muscheln können auch in reichlich Wasser gekocht werden, bis sich alle Schalen lösen, dann das Fleisch seitlich aufschneiden. Allerdings sind sie damit nicht von Sandkörnern oder winzigen Perlchen gesäubert, die sie manchmal einschließen.)
Die Muscheln nochmals waschen. Das Muschelfleisch großzügig füllen und die Schalen wieder zusammendrücken.
Die Muscheln neben- und übereinander in einen flachen Topf legen, 2 Mokkatassen Wasser darüber gießen. Mit einem feuerfesten Teller bedecken und bei mittlerer Hitze im geschlossenen Topf 30 Minuten kochen, bis das Wasser vollständig verdampft ist.
Den Topf vom Herd nehmen, abkühlen lassen und kalt servieren.

Gefüllte Paprikaschoten in Olivenöl
Biber Dolması Zeytinyağlı

800 g kleine, dünnwandige Paprikaschoten
1 Mokkatasse Olivenöl

Füllung wie Seite 128

◆ Während der Reis quillt und die Füllung abkühlt, die Deckel der Paprikaschoten halbfingerbreit abschneiden, die Schoten entkernen und gründlich waschen. Die Deckel bei den jeweiligen Schoten lassen, da aufgrund der unterschiedlichen Schotenformen beim Kochen nicht passende Deckel leicht herunterrutschen.
Die Schoten füllen. Die Deckel darauf setzen und die Schoten in einem breiten flachen Topf so dicht nebeneinander anordnen, dass sie nicht umkippen können. Sollte von der Füllung noch etwas übrig bleiben, eine grüne Tomate wie die Paprikaschote oben abschneiden, innen aushöhlen, füllen und zwischen die Schoten setzen; das Innere der Tomate über die Paprikaschoten verteilen. 2 Mokkatassen Wasser und Öl zugießen, alles bei mittlerer Hitze zugedeckt 40 Minuten kochen, bis die Paprikaschoten weich sind.
Abkühlen lassen und kalt servieren.

Gefüllte Zucchini in Olivenöl

Kabak İmam Bayıldı

6 dicke Zucchini
3 große Tomaten
4 große Zwiebeln
2 Mokkatassen Olivenöl
6 Knoblauchzehen
1 TL Zucker
1 Bund Petersilie

◆ In einer Schüssel 2 EL Salz in 1 l Wasser verrühren. Die Zucchini sehr fein schälen und sofort ins Salzwasser geben, damit sie nicht braun werden. Währenddessen die Tomaten kurz in kochendes Wasser tauchen, häuten, entkernen und sehr klein schneiden. Die Zwiebeln fein würfeln.
In einer Pfanne Öl erhitzen. Die Zucchini aus dem Salzwasser nehmen, mit der Hand leicht ausdrücken und eine Öffnung für die Füllung einschlitzen. Trockentupfen, damit sie beim Braten nicht spritzen, und kurz von allen Seiten anbraten. Mit einer Schaumkelle herausnehmen und gut abtropfen lassen. In demselben Öl Zwiebeln und Knoblauchzehen glasig dünsten. Die Tomaten beifügen und unter ständigem Rühren 3 Minuten dünsten. 1 TL Zucker, 1 TL Salz sowie 1 Mokkatasse heißes Wasser zugeben und alles bei schwacher Hitze 10 Minuten kochen. Währenddessen die Petersilie fein hacken.
Die Pfanne vom Herd nehmen und die Flüssigkeit durch ein Sieb in einen flachen Topf abgießen, in dem die Zucchini nebeneinander Platz haben. Die im Sieb verbliebene Füllung mit der Petersilie vermischen und in die Zucchini geben. Die Zucchini in den Topf legen, mit einem feuerfesten Teller bedecken und bei schwacher Hitze im geschlossenen Topf 30 Minuten kochen.
Kalt stellen und kalt servieren.

Gefüllte Auberginen in Olivenöl
İmam Bayıldı

6 längliche dicke Auberginen
3 große Tomaten
5 große Zwiebeln
1½ Bund Petersilie
10 Knoblauchzehen
2 Mokkatassen Olivenöl
1 TL Zucker

◆ Die Auberginen schälen. In einer Schüssel 2 EL Salz in 1 l Wasser verrühren und die Auberginen 30 Minuten darin ziehen lassen.
Währenddessen die Tomaten kurz in kochendes Wasser tauchen, häuten, entkernen und klein schneiden. Die Zwiebeln in dünne halbe Ringe schneiden und mit der Hand etwas ausdrücken, um ihnen die Schärfe zu nehmen. Die Petersilie sehr fein hacken. Alles mit den Knoblauchzehen in eine Schüssel geben, mit 1 TL Salz bestreuen, umrühren und ziehen lassen.
Die Auberginen aus dem Salzwasser nehmen, leicht ausdrücken und an einer Seite eine Öffnung für die Füllung einschlitzen. Die Auberginen füllen und nebeneinander in einen flachen Topf legen, Öl, 6 Mokkatassen Wasser und Zucker zugeben. Die Auberginen mit einem feuerfesten Teller bedecken und den Topf schließen. 10 Minuten bei starker, dann 60 Minuten bei schwacher Hitze kochen. Kalt stellen. Zum Servieren die Auberginen vorsichtig herausnehmen, damit sie nicht auseinander fallen.

Gefüllte Artischocken in Olivenöl
Enginar Dolması Zeytinyağlı

1½ Mokkatassen Reis
3 mittelgroße Zwiebeln
2 Bund Dill
500 g gelbe Bohnen
3 Mokkatassen Olivenöl
2 EL Mehl
2 Zitronen (Saft)
12 junge oder 6 große Artischocken
2 TL Zucker

2 große Blatt Fettpapier

◆ In einer kleinen Schüssel 1 TL Salz in 2 Mokkatassen heißem Wasser verrühren und den Reis 30 Minuten einweichen.
Die Zwiebeln fein würfeln, den Dill fein hacken. Bohnen aus den Hülsen lösen, kurz in sehr heißes Wasser legen, damit sie sich leicht häuten lassen. Die Bohnen zwischen zwei Fingern aus der Haut drücken und in einem Schnitzelwerk mit grobem Einsatz granulieren. Den Reis vier Mal unter kaltem Wasser spülen und abtropfen lassen.
In einer Kasserolle 1 Mokkatasse Öl erhitzen und die Zwiebeln glasig dünsten. Bohnen, Reis, 1 Mokkalöffel schwarzen Pfeffer und 1 TL Salz zugeben, unter ständigem Rühren 5 Minuten dünsten.
1 Mokkatasse heißes Wasser zugießen und alles 5 Minuten kochen, bis der Reis zu quellen beginnt. Dill zugeben, einmal umrühren. Die Kasserolle vom Herd nehmen und abkühlen lassen.
Währenddessen in einer großen Schüssel das Mehl in 1½ l lauwarmem Wasser verrühren und den Saft von eineinhalb Zitronen unterrühren.
Die Artischocken gründlich waschen, den Stiel direkt unter dem Blütenkopf abbrechen, die äußeren, holzigen Blätter abziehen. Die Artischocken quer halbieren, mit einem scharfen Löffel aushöhlen (bis auf das weiche Herz) und sofort in die Zitronen-Mehl-Sauce geben, damit sie nicht schwarz werden. (Sind die Artischocken groß und älter, nach dem Abziehen der Blätter oben die jungen Blätter und Samenfäden, unten den harten Boden abschneiden und die Artischocken rundherum wie einen Apfel schälen, halbieren und aushöhlen.)
Das Fettpapier je nach Größe der Artischocken in zwölf bzw. sechs gleiche Teile schneiden und anfeuchten. Die Artischocken füllen, in Fettpapier einwickeln und mit der Füllung nach oben nebeneinander in einen flachen Topf geben. 2 Mokkatassen Öl, den restlichen Zitronensaft, Zucker und 2 Mokkatassen der Zitronen-Mehl-Sauce zugeben, den Topf schließen. 5 Minuten bei starker, dann 25 Minuten bei mittlerer Hitze kochen. Im Abstand von 5 Minuten insgesamt 8 Mokkatassen der Zitronen-Mehl-Sauce zugießen.
Kalt stellen und kalt servieren.

Reis- und Weizengerichte
Pilav Çesitleri

Den Rezepten türkischer Reisgerichte ist die Zubereitungskultur der Herkunftsländer dieses Getreides erhalten geblieben und die Bereicherung durch die Kulturen auf seinem Weg der Ausbreitung Richtung Mittelmeer anzumerken.

Einerseits wird Reis, wie auch in Asien auf dem Lande üblich, nicht als bloße Beilage, sondern als vollwertiges Gericht mit Beilagen gereicht. Dabei wird Brühe zum Quellen verwendet und Gemüse oder Fleisch zugegeben. Andererseits kann Reis durch Anbraten in Butter oder Öl – ohne Verwendung von Brühe – schmackhaft zubereitet werden.

Viele der Zutaten, die ihm während des Quellens beigefügt werden, erinnern an die Handelsbeziehungen des Osmanischen Reiches: Korinthen aus Griechenland, Walnüsse und Pistazien aus Armenien, Datteln aus Nordafrika, Safran und Curry aus Indien …

Weizengrütze (Grundrezept)
Bulgur Pilavı

500 g Weizengrütze
3 mittelgroße Zwiebeln
½ l Hammel-, Lamm-, Kalb- oder Hühnerbrühe
6 EL Margarine

◆ Die Weizengrütze auslesen, am besten auf einem hellen Tablett.
Die Zwiebeln sehr fein würfeln. Die Brühe erhitzen. In einem hohen Topf Margarine zerlassen und die Zwiebeln gelb dünsten. Die Weizengrütze zugeben und unter ständigem Rühren etwa 20 Minuten anbraten, bis sie anzusetzen beginnt. Brühe zugießen, 2 TL Salz beifügen und den Topf schließen. 5 Minuten bei mittlerer, dann 10 Minuten bei schwacher Hitze kochen. Je nach Bulgursorte mit heißem Wasser ergänzen, dann bei schwächster Hitze 20 Minuten quellen lassen.
Vor dem Servieren gut umrühren, damit die Weizengrütze schön locker und körnig ist.

Weizengrieß-Pilav (Grundrezept)
Kuskus Pilavı

500 g Kuskus-Grieß
3 EL Butter
1½ Mokkatassen Fleischbrühe

◆ In einem großen Topf 2 l Wasser mit 2 EL Salz zum Kochen bringen und den Kuskus-Grieß hineingeben. 10 Minuten sprudelnd kochen, abgießen und 10 Minuten in kaltem Wasser stehen lassen. Abgießen und gut abtropfen lassen.
In einem mittelgroßen Topf Butter zerlassen, Brühe zugießen und zum Kochen bringen. Den Kuskus-Grieß zugeben und bei schwacher Hitze zugedeckt 30 Minuten kochen, bis die Brühe vollständig aufgesogen und der Kuskus sehr weich, aber locker körnig ist.
Vor dem Servieren gut umrühren.

Reisbrei mit Lammragout in Okraschoten
Aside

250 g Okraschoten
½ Mokkatasse Essig
400 g Rundkornreis
3 große Tomaten
1 große Zwiebel
1 frische dunkle, scharfe Peperoni
4 EL Margarine
125 g feines Lammgulasch
¾ l Lammbrühe
¼ Zitrone (Saft)

◆ Die Okraschoten mit der Messerschneide leicht abschaben und köpfen. 1 EL Salz und den Essig in ½ l Wasser verrühren und die Okraschoten 30 Minuten darin ziehen lassen. 1 EL Salz in 1 l heißem Wasser verrühren und den Reis 20 Minuten einweichen.
Die Tomaten kurz in kochendes Wasser tauchen, häuten und sehr klein schneiden. Die Zwiebel sehr fein würfeln. Die Peperoni halbieren, entkernen und in dünne Ringe schneiden.
Den Reis vier Mal unter kaltem Wasser spülen und abtropfen lassen.
In einer Kasserolle 2 EL Margarine zerlassen und die Zwiebel glasig dünsten. Das Fleisch zugeben und unter ständigem Rühren anschmoren, dann warm stellen. Die Okraschoten spülen. Die Brühe erhitzen.
Okraschoten und ein Drittel der Tomaten in einen mittelgroßen Topf geben und vermischen. Peperoni und Lammragout mit Sauce darüber geben, mit Zitronensaft beträufeln, 2 Mokkatassen Brühe und – wenn sie nicht gesalzen ist – 1 TL Salz zugeben, den Topf schließen. 10 Minuten bei starker, dann 30 Minuten bei mittlerer Hitze kochen.
Währenddessen in einem Topf 2 EL Margarine zerlassen und die restlichen Tomaten unter ständigem Rühren dünsten, bis sie zergehen. Den Rest der heißen Brühe und – wenn sie nicht gesalzen ist – 2 gestrichene TL Salz sowie den Reis zugeben, den Topf schließen. 10 Minuten bei starker, dann 30 Minuten bei mittlerer Hitze kochen.
Den Reisbrei auf einer Servierplatte um das Ragout anhäufen.

Reisbrei mit Tomaten
Lapa

500 g Rundkornreis
3 große Tomaten
4 EL Margarine
¾ l Fleischbrühe

◆ 1 EL Salz in 1 l heißem Wasser verrühren und den Reis 20 Minuten einweichen. Die Tomaten kurz in kochendes Wasser tauchen, häuten und sehr klein schneiden. Den Reis vier Mal unter kaltem Wasser spülen und abtropfen lassen.
In einem hohen Topf Margarine zerlassen und die Tomaten unter ständigem Rühren dünsten, bis sie zergehen. Die Brühe zum Kochen bringen, zugießen und – wenn sie nicht gesalzen ist – 2 TL Salz beifügen. Den Reis zugeben und den Topf schließen. 5 Minuten bei mittlerer, dann 30 Minuten bei schwacher Hitze kochen, bis der Reisbrei sehr weich ist.
Vor dem Servieren gut umrühren.

Pilav mit Datteln
Hurma Pilavı

1 Mokkatasse Korinthen
500 g Langkornreis
1 Mokkatasse Mandeln
100 g getrocknete Datteln
3 EL Butter

◆ Die Korinthen in einem Schälchen mit 2 Mokkatassen heißem Wasser einweichen.
Den Reis in 1 l Wasser aufsetzen, 2 TL Salz zugeben und 15 Minuten sprudeln kochen, so dass er noch etwas hart ist.
Währenddessen in einer kleinen Kasserolle die Mandeln in ¼ l Wasser kurz aufkochen, abgießen, abkühlen lassen und schälen. Die Datteln entsteinen und daumennagelgroß würfeln. Die Korinthen abgießen.
In einem mittelgroßen Topf Butter zerlassen, Mandeln, Korinthen und Datteln bei schwacher Hitze unter ständigem Rühren dünsten, bis die Mandeln gelbbraun sind.
Den Reis abgießen, unter kaltem Wasser abschrecken und zugeben. Alles bei schwacher Hitze unter häufigem Rühren langsam erhitzen und 10 Minuten garen, bis der Reis weich ist.
Eignet sich zu fettem Fleisch.

Weizenkörner-Brei mit Joghurt
Germi

500 g Weichweizenkörner
500 g Joghurt

◆ Den Weizen waschen, in ¾ l Wasser aufsetzen, 1 EL Salz zugeben und bei mittlerer Hitze zugedeckt kochen, bis er weich ist.
Den Joghurt unterrühren und alles bei schwacher Hitze zugedeckt kochen, bis ein Brei entstanden ist.
Abkühlen lassen und kalt servieren.

Kalter Pilav mit Auberginen in Olivenöl
Patlıcanlı Pilav Zeytinyağlı

500 g Auberginen
500 g Rundkornreis
2 Mokkatassen Olivenöl

◆ Die Auberginen schälen und in daumenbreite Scheiben schneiden. In einer Schüssel 1 EL Salz in ½ l Wasser verrühren und die Auberginen 30 Minuten darin ziehen lassen.
1 EL Salz in 1 l heißem Wasser verrühren und den Reis 20 Minuten einweichen. Dann vier Mal unter kaltem Wasser spülen und abtropfen lassen. Die Auberginenscheiben unter kaltem Wasser spülen, leicht ausdrücken und trockentupfen.
In einer Pfanne 1 Mokkatasse Öl stark erhitzen und die Auberginenscheiben von beiden Seiten kurz braten, bis sie leicht bräunlich sind. Mit einer Schaumkelle herausnehmen, abtropfen lassen und warm stellen.
In einem hohen Topf 1 Mokkatasse Öl erhitzen und den Reis unter ständigem Rühren anbraten, bis er anzusetzen beginnt.
6 Mokkatassen heißes Wasser, 2 TL Salz und die Auberginen zugeben und den Topf schließen. 10 Minuten bei starker, dann 20 Minuten bei mittlerer Hitze kochen. Einmal umrühren und abkühlen lassen.

Kalter Pilav mit Muscheln

Midyeli İç Pilav Zeytinyağlı

1 Mokkatasse Korinthen
400 g Rundkornreis
2 große Tomaten
4 große Zwiebeln
1 Bund Dill
20 Muscheln
2 Mokkatassen Olivenöl
1 Mokkatasse Pinienkerne
1 TL gemahlener Zimt
1 TL Piment
2 TL Zucker

◆ Die Korinthen in einem Schälchen mit 2 Mokkatassen heißem Wasser einweichen. 1 EL Salz in ½ l heißem Wasser verrühren und den Reis 20 Minuten einweichen.
Währenddessen die Tomaten kurz in kochendes Wasser tauchen, häuten und sehr klein schneiden. Die Zwiebeln in dünne halbe Ringe schneiden. Den Dill hacken. Die Muscheln in 1 l Wasser aufsetzen und kochen, bis alle Schalen geöffnet sind. Das Wasser abgießen, die Muscheln aus den Schalen lösen und warm stellen.
Den Reis vier Mal unter kaltem Wasser spülen und abtropfen lassen. Die Korinthen abgießen.
In einem hohen Topf Öl erhitzen und die Pinienkerne gelb dünsten. Die Zwiebelringe zugeben und unter ständigem Rühren glasig dünsten. Den Reis beifügen und unter ständigem Rühren anbraten, bis er anzusetzen beginnt. 4 Mokkatassen heißes Wasser, Tomaten, Korinthen, Muscheln, Dill, Zimt, Piment, Zucker und 2 TL Salz zugeben. Einmal umrühren, den Topf schließen. 5 Minuten bei starker, dann 20 Minuten bei mittlerer und schließlich 15 Minuten bei schwächster Hitze kochen.
Abkühlen lassen und vor dem Servieren gut umrühren.

Einfacher Reis-Pilav (Grundrezept)

Sade Pirinç Pilavı

500 g Langkornreis
6 Mokkatassen Fleisch- oder Hühnerbrühe
3 EL Butter oder Sonnenblumenöl

◆ 1 EL Salz in 1 l heißem Wasser verrühren und den Reis 10 Minuten einweichen. Dann vier Mal unter kaltem Wasser spülen und gut abtropfen lassen. Die Brühe erhitzen.
In einem hohen Topf Butter zerlassen und den Reis unter ständigem Rühren anbraten, bis er anzusetzen beginnt. Die kochende Brühe zugießen (je nach Reissorte muss die Flüssigkeit den Reis bedecken bzw. wie bei Naturreis und anderen nicht geschliffenen Sorten das Doppelte der Reismenge ausmachen) und – wenn die Brühe nicht gesalzen ist – 1 TL Salz zugeben, einmal umrühren und den Topf schließen. 5 Minuten bei starker, dann 10 Minuten bei mittlerer Hitze kochen, bis der Reis zu quellen beginnt (bei Naturreis 15 Minuten). Auf dem Elektroherd jeweils 2 bzw. 3 Minuten vorher herunterschalten.
Ein dickes Tuch zwischen Topf und Deckel klemmen und den Reis bei schwächster Hitze 20 Minuten quellen lassen, bis er weich, aber locker und körnig ist. Auch wenn die unterste Schicht angesetzt hat, wird der Reis nicht angebrannt schmecken.
Vor dem Servieren gut umrühren, um den Reis zu lockern.

Varianten

Hochzeitsreis

Düğün Pilavı

◆ 150 g Pistazien in der zerlassenen Butter 3 Minuten braten.

Gold-Pilav

Altın Pilavı

◆ 2 Mokkalöffel Safran in der Brühe verrühren und 30 Minuten ziehen lassen.

Reis-Pilav mit Tomaten

Domatesli Pirinç Pilavı

◆ 2 große Tomaten kurz in kochendes Wasser tauchen, häuten, entkernen und sehr klein schneiden. In einer Kasserolle 1 EL Butter zerlassen und die Tomaten unter ständigem Rühren dünsten, bis sie zergehen. Diese Sauce dem Reis zugeben, wenn er zu kochen beginnt.

Istanbul-Pilav
İstanbul Pilavı

500 g Langkornreis
7 Mokkatassen Hühnerbrühe
1 g Safran
2 EL Mandeln
1 EL Pistazien
1 Hähnchenbrust
4 EL Butter
1 Mokkatasse junge Erbsen

◆ 1 EL Salz in 1 l heißem Wasser verrühren und den Reis 10 Minuten einweichen. Währenddessen die Brühe mit dem Safran erhitzen. In einer Kasserolle Mandeln und Pistazien in 3 Mokkatassen Wasser kurz aufkochen, abgießen, abkühlen lassen und schälen. Das Hühnerfleisch vom Knochen lösen, klein würfeln oder in schmale dünne Streifen schneiden.
Den Reis vier Mal unter kaltem Wasser spülen und gut abtropfen lassen. In einem hohen Topf Butter zerlassen, Reis zugeben, einmal umrühren. Mandeln und Pistazien unterrühren, bis der Reis anzusetzen beginnt.
Die Brühe zugießen, einmal umrühren und den Reis bei starker Hitze zugedeckt 5 Minuten kochen. Hühnerfleisch, Erbsen und 1 TL Salz zugeben, einmal umrühren und bei schwächster Hitze 20 Minuten quellen lassen.
Vor dem Servieren gut umrühren.

Reis-Pilav mit Lammhirn
Beyinli Pirinç Pilavı

500 g Langkornreis
3 Hirne von jungen Lämmern
1 kleine Zwiebel
1 EL Weißweinessig
6 Mokkatassen Lammbrühe
3 EL Butter

◆ 1 EL Salz in 1 l heißem Wasser verrühren und den Reis 10 Minuten einweichen. Währenddessen die äußeren Hirnhäutchen unter fließendem Wasser entfernen. Die Zwiebel in Scheiben schneiden. Die Hirne in 1 l Wasser aufsetzen, Zwiebel, Essig und 1 EL Salz zugeben. Bei mittlerer Hitze zugedeckt 10 Minuten kochen.
Den Reis vier Mal unter kaltem Wasser spülen und gut abtropfen lassen. Die Lammhirne aus dem Topf nehmen, abkühlen lassen und haselnussgroß würfeln. Die Lammbrühe erwärmen.
In einem Topf 3 EL Butter zerlassen und den Reis unter ständigem Rühren anbraten, bis er anzusetzen beginnt. Die Lammbrühe zugießen, mit der Hirnbrühe ergänzen und den Reis bei starker Hitze zugedeckt 5 Minuten kochen. Die Lammhirne zugeben, umrühren und bei schwächster Hitze 20 Minuten quellen lassen.
Vor dem Servieren gut umrühren.

Reis-Pilav mit Kichererbsen
Nohutlu Pirinç Pilavı

am Vortag beginnen

500 g Langkornreis
100 g Kichererbsen
3 EL Margarine
7 Mokkatassen Hammelbrühe

◆ 1 EL Salz in ½ l heißem Wasser verrühren und die Kichererbsen über Nacht einweichen.
Am nächsten Tag das Wasser abgießen und die Kichererbsen in ½ l Wasser weich kochen. 1 EL Salz in 1 l heißem Wasser verrühren und den Reis 10 Minuten einweichen. Die Kichererbsen schälen. Den Reis vier Mal unter kaltem Wasser spülen und gut abtropfen lassen. Die Brühe erhitzen.
In einem hohen Topf Margarine zerlassen und den Reis unter ständigem Rühren 5 Minuten anbraten, bis er anzusetzen beginnt. Die Brühe zugießen, mit heißem Wasser ergänzen, einmal umrühren und den Topf schließen. 5 Minuten bei starker Hitze kochen. Die Kichererbsen zugeben, einmal umrühren und alles bei schwächster Hitze 20 Minuten quellen lassen. Vor dem Servieren gut umrühren.

Engel-Pilav
Melek Pilavı.

400 g Langkornreis
8 Mokkatassen Fleischbrühe
4 EL Margarine
150 g Fassonnudeln

◆ 1 EL Salz in 1 l heißem Wasser verrühren und den Reis 10 Minuten einweichen. Dann vier Mal unter kaltem Wasser spülen und gut abtropfen lassen. Die Brühe erhitzen.
In einem hohen Topf Margarine zerlassen, die Fassonnudeln zugeben und bei mittlerer Hitze rühren, bis sie gelb werden. Den Reis beifügen und unter ständigem Rühren anbraten, bis er anzusetzen beginnt. Die heiße Brühe zugießen, mit heißem Wasser ergänzen, einmal umrühren und bei starker Hitze zugedeckt 5 Minuten kochen, dann bei schwächster Hitze 20 Minuten quellen lassen.
Vor dem Servieren gut umrühren.

▲ In Öl gebackene Auberginenscheiben bilden eine beliebte Beilage.

▲ Fehlen selten bei türkischen Mahlzeiten: Oliven, hier geritzt und mit Zitronenscheiben garniert.

▲ Snack mit Schafskäse, Tomaten (mit Oregano) und Gartenrauke.

▲ Für Grüne Bohnen gibt es eine Vielzahl von Rezepten. Hier sind sie mit Olivenöl und Tomaten angemacht.

▲ Eine köstliche Grieß-Süßspeise mit Walnussstückchen garniert.

▲ Ekmek Kadayıfı. Diese Süßspeise wird aus getrockneten Brotscheiben hergestellt, die während des Backens mit dickem Zuckersaft getränkt werden. Hier wird sie mit einer Sahnescheibe und geriebenen Walnüssen gereicht.

▲ Herzhaftes Frühstück: frische Basilikum- und Pfefferminzblätter auf Tomaten, Gurken und Schafskäse.

▲ Teezeit im Dorf Çıralı, Antalya.

Für ihre Mithilfe bei den Fotos bedanken sich die Autoren bei:
Şule Abla, Oya Abla, Neşe und Filiz.

Hammel-Pilav mit Mandeln

Buharа Pilavı

250 g magerer Hammelgulasch
500 g Langkornreis
1 Mokkatasse Mandeln
2 mittelgroße Möhren
4 EL Margarine
1 Mokkalöffel scharfer Rosenpaprika

◆ Das Hammelfleisch haselnussgroß würfeln und in ¾ l Wasser aufsetzen, 2 TL Salz zugeben. Bei mittlerer Hitze zugedeckt 60 Minuten kochen.
Währenddessen 1 EL Salz in 1 l heißem Wasser verrühren und den Reis 10 Minuten einweichen. In einer kleinen Kasserolle die Mandeln in 2 Mokkatassen Wasser kurz aufkochen, abgießen und abkühlen lassen. Den Reis vier Mal unter kaltem Wasser spülen und abtropfen lassen. Die Mandeln schälen und längs halbieren. Die Möhren reiben.
In einem hohen Topf Margarine zerlassen und die Mandeln 3 Minuten unter ständigem Rühren dünsten. Die Möhren beifügen und 2 Minuten rühren. Den Reis zugeben und unter ständigem Rühren anbraten, bis er anzusetzen beginnt. 6 Mokkatassen Brühe und 2 Tassen heißes Wasser zugießen, Ragout, Paprika, 1 Mokkalöffel schwarzen Pfeffer und 1 TL Salz beifügen. Alles bei starker Hitze zugedeckt 5 Minuten kochen, umrühren und bei schwächster Hitze 20 Minuten quellen lassen. Vor dem Servieren gut umrühren.

Reis-Pilav mit Auberginen

Patlıcanlı Pirinç Pilavı

2 mittelgroße Auberginen
500 g Langkornreis
2 EL Sonnenblumenöl
6 Mokkatassen Lammbrühe
3 EL Margarine

◆ Die Auberginen schälen, längs halbieren und quer in daumenbreite Scheiben schneiden. In einer Schüssel 1 EL Salz in ½ l Wasser verrühren und die Auberginen 30 Minuten darin ziehen lassen. 1 EL Salz in 1 l heißem Wasser verrühren und den Reis 10 Minuten einweichen. Dann vier Mal unter kaltem Wasser spülen und gut abtropfen lassen. Die Auberginen gut abtropfen lassen und trockentupfen.
In einer Pfanne Öl erhitzen und die Auberginenscheiben von beiden Seiten kurz braten, bis sie leicht bräunlich sind. Mit einer Schaumkelle herausnehmen und gut abtropfen lassen. Die Brühe erhitzen.
In einem hohen Topf Margarine zerlassen und den Reis unter ständigem Rühren 5 Minuten anbraten, bis er anzusetzen beginnt. Die heiße Brühe zugießen, mit heißem Wasser ergänzen, einmal umrühren und den Topf schließen. 5 Minuten bei starker Hitze kochen, dann bei schwächster Hitze 15 Minuten quellen lassen. Die Auberginen zugeben, umrühren und weitere 5 Minuten quellen lassen.
Vor dem Servieren das in der Pfanne verbliebene Öl erhitzen und unter den fertigen Pilav ziehen.

Hedja-Pilav
Hicaz Pilavı

am Vortag beginnen

50 g Kichererbsen
3 große Zwiebeln
3 EL Margarine
400 g Hammelgulasch mit Fett
½ Mokkalöffel Cayennepfeffer
½ Mokkalöffel Safran
500 g Langkornreis
1 ungespritzte Orange
3 EL Sonnenblumenöl

◆ 2 TL Salz in ½ l heißem Wasser verrühren und die Kichererbsen über Nacht einweichen.
Am nächsten Tag abgießen und häuten. Die Zwiebeln in dünne halbe Ringe schneiden.
In einem mittelgroßen Schmortopf Margarine zerlassen und die Zwiebelringe glasig dünsten. Fleisch zugeben und anschmoren, bis der ausgetretene Saft verdampft ist; ab und zu umrühren. 4 Mokkatassen warmes Wasser, Cayennepfeffer, 1 Mokkalöffel schwarzen Pfeffer und 1 TL Salz zugeben, einmal umrühren. Bei mittlerer Hitze zugedeckt 90 Minuten kochen.
Währenddessen die Kichererbsen in ½ l Wasser aufsetzen und weich kochen. Den Safran in einer Schüssel mit ¾ l warmem Wasser 30 Minuten ziehen lassen. 1 EL Salz in 1 l heißem Wasser verrühren und den Reis 10 Minuten einweichen. Die Orangenschale sehr dünn von der weißen Schicht schälen, in 2 cm lange messerdünne Streifen schneiden und zum Safran geben.
Den Reis vier Mal unter kaltem Wasser spülen und abtropfen lassen. Das Wasser mit Safran und Orangenstreifen erhitzen.
In einem hohen Topf Öl erhitzen und den Reis anbraten, bis er anzusetzen beginnt. Das kochende Wasser mit Safran und Orangenstreifen zugießen, Hammelragout und 1 TL Salz zugeben. Den Topf schließen und alles 5 Minuten bei starker Hitze kochen, dann bei schwächster Hitze 20 Minuten quellen lassen.
Vor dem Servieren gut umrühren.

Pilav mit Leber und Korinthen

İç Pilav

1 Mokkatasse Korinthen
500 g Langkornreis
1 mittelgroße Tomate
1 mittelgroße Zwiebel
1 Bund Dill
4 EL Butter
1 Mokkatasse Pinienkerne
6 Mokkatassen Lamm-, Puten- oder Hühnerbrühe
je 1 Mokkalöffel schwarzer Pfeffer, Piment, gemahlener Zimt
1 TL Zucker
1 Mokkalöffel scharfer Rosenpaprika
150 g Lamm-, Puten- oder Hühnerleber
2 EL Sonnenblumenöl

◆ Die Korinthen in einer Schüssel mit 2 Mokkatassen heißem Wasser 20 Minuten einweichen. 1 EL Salz in 1 l heißem Wasser verrühren und den Reis 10 Minuten einweichen. Die Tomate kurz in kochendes Wasser tauchen, häuten und sehr klein schneiden. Die Zwiebel fein würfeln, den Dill fein hacken. Den Reis vier Mal unter kaltem Wasser spülen und abtropfen lassen.

In einem hohen Topf Butter zerlassen und die Pinienkerne unter ständigem Rühren gelb dünsten. Die Zwiebel zugeben und glasig dünsten. Die Brühe erhitzen. Die Korinthen abgießen.

Den Reis zu Pinienkernen und Zwiebel geben und unter ständigem Rühren anbraten, bis er anzusetzen beginnt. Die heiße Brühe zugießen, mit heißem Wasser ergänzen, Korinthen, Tomaten, Pfeffer, Piment, Zimt, Zucker und 1 TL Salz beifügen. Bei starker Hitze zugedeckt 5 Minuten kochen. Umrühren und bei schwacher Hitze zugedeckt weitere 10 Minuten quellen lassen.

Währenddessen die Leber haselnussgroß würfeln, in Paprika und Dill wenden. In einer kleinen Pfanne Öl stark erhitzen und die Leberstückchen von allen Seiten kurz anbraten. Die Leber mit dem Öl über den Reis geben und bei schwächster Hitze 10 Minuten köcheln.

Vor dem Servieren gut umrühren.

◆ Die Tomaten kurz in kochendes Wasser tauchen, häuten und klein schneiden. Die Zwiebeln klein würfeln. In einem mittelgroßen Topf 1½ EL Öl erhitzen und die Zwiebeln glasig dünsten. Fleisch, Tomaten, Thymian, 1 Mokkalöffel schwarzen Pfeffer, 1 TL Salz und 4 Mokkatassen warmes Wasser zugeben, umrühren und den Topf schließen. 30 Minuten bei mittlerer, dann 90 Minuten bei schwacher Hitze kochen; ab und zu umrühren.
Währenddessen 1 EL Salz in 1 l heißem Wasser verrühren und den Reis 10 Minuten einweichen.
10 Minuten bevor das Fleisch gar ist, 6 Mokkatassen heißes Wasser zugießen, umrühren. Den Topf vom Herd nehmen und warm stellen. Den Reis vier Mal unter kaltem Wasser spülen und gut abtropfen lassen.
In einem hohen Topf das restliche Öl erhitzen und den Reis unter ständigem Rühren anbraten, bis er anzusetzen beginnt. Das Fleisch mit Sauce zugeben, umrühren und den Topf schließen. 5 Minuten bei starker Hitze kochen, dann bei schwächster Hitze 20 Minuten quellen lassen.
Vor dem Servieren gut umrühren.

Reis-Pilav mit Hammelragout

Kuşbaşı Etli Pirinç Pilavı

2 große Tomaten
2 mittelgroße Zwiebeln
3½ EL Sonnenblumenöl
750 g Hammelgulasch, klein gewürfelt
1 TL Thymian
500 g Langkornreis

Pilav mit Köfte und Pinienkernen
Ali Paşa Pilavı

150 g Pinienkerne
500 g Langkornreis
6 Mokkatassen Lammbrühe
5 EL Butter
1 trockene Scheibe Weißbrot
200 g Hackfleisch ohne Fett
1 Mokkatasse Mehl

◆ Die Pinienkerne in einem Schälchen mit warmem Wasser 20 Minuten einweichen. 1 EL Salz in 1 l heißem Wasser verrühren und den Reis 10 Minuten einweichen. Dann vier Mal unter kaltem Wasser spülen und gut abtropfen lassen. Die Brühe erhitzen. Die Pinienkerne abtropfen lassen.
In einem hohen Topf 3 EL Butter zerlassen und den Reis unter ständigem Rühren 3 Minuten anbraten. Die Pinienkerne zugeben und weiterrühren, bis der Reis anzusetzen beginnt. Die heiße Brühe zugießen, heißes Wasser ergänzen und 1 TL Salz zugeben. Bei starker Hitze zugedeckt 5 Minuten, dann bei schwächster Hitze 20 Minuten quellen lassen.
Währenddessen das entrindete Brot in lauwarmem Wasser einweichen. Das Brot ausdrücken und mit Hackfleisch, ½ Mokkalöffel schwarzem Pfeffer und 1 Mokkalöffel Salz 5 Minuten gründlich kneten. Die Hände anfeuchten, walnussgroße Mengen zu Bällchen rollen und flach drücken. Das Mehl auf einem flachen Teller verteilen. In einer Pfanne die restliche Butter zerlassen. Die Köfte in Mehl wenden, in der Butter von beiden Seiten braun braten und auf den Pilav geben.

Teiggerichte
Hamur İşleri

Unter den Teiggerichten haben vor allem die kalten, mit verschiedenen Gemüse- oder Käsesorten gefüllten Teigtaschen und -röllchen die Rolle einer »Vorratsspeise« angenommen. In größeren Mengen zubereitet und kühl aufbewahrt kann der Gastgeber unerwartetem Besuch immer etwas anbieten.

Auch als Reiseproviant auf den langen Auto- oder Busfahrten zu den Verwandten in den entlegenen Dörfern, aus denen die meisten Stadtbewohner der heutigen Türkei stammen, sind die kalten Teiggerichte ideal.

Ob aus Blätterteig oder einfachem Teig hergestellt, ob mit Hackfleisch, Tomaten, Käse oder Spinat gefüllt, ob für den kleinen Appetit zwischendurch, zum Tee oder im Sommer zu kühlem Ayran, dem leicht gesalzenen Joghurtgetränk – sie sind wahre Leckerbissen.

Nudeln mit Fleischsauce und Joghurt
Papyon Makarna Yoğurtlu

3 mittelgroße Zwiebeln
2 EL Sonnenblumenöl
125 g Hackfleisch vom Lamm (mager)
1 TL Thymian
500 g Muschel- oder Schmetterlingsnudeln
5 Knoblauchzehen
200 g Joghurt
2 EL Margarine
1 EL Butter
2 TL scharfer Rosenpaprika

◆ Die Zwiebeln fein würfeln. In einer Kasserolle Öl erhitzen, Zwiebeln, Hackfleisch und 1 TL Salz unter ständigem Rühren anschmoren, bis die Zwiebeln glasig sind. Thymian zugeben, einmal umrühren und alles bei schwacher Hitze zugedeckt 30 Minuten dünsten.
Währenddessen 1½ l Wasser mit 2 EL Salz zum Kochen bringen und die Nudeln 15 Minuten kochen. Den Knoblauch zerdrücken und mit einer Gabel im Joghurt verrühren. Die Nudeln durch ein Sieb abgießen. In dem noch heißen Topf Margarine zerlassen, Nudeln zugeben und bei starker Hitze unter ständigem Wenden kurz anbraten.
Die Nudeln in eine Servierschüssel geben, mit Fleischsauce übergießen, den Joghurt darüber geben.
In einer Kasserolle Butter zerlassen und Paprika 2 Minuten darin verrühren. Auf dem Joghurt verteilen und servieren.

Nudelauflauf mit Schafskäse
Fırında Makarna

350 g Nudeln
3 EL Butter
200 g Schafskäse
150 g geriebener Kaşar oder Schweizer Käse
4 Eier
300 ml Milch

◆ 1½ l Wasser mit 2 EL Salz zum Kochen bringen und die Nudeln 12 Minuten kochen. Unter kaltem Wasser abschrecken, 15 Minuten in kaltem Wasser liegen lassen.
Währenddessen eine mittlere Auflaufform mit Butter ausstreichen. Den Schafskäse mit einer Gabel zerdrücken, mit der restlichen Butter, 1 Mokkalöffel schwarzem Pfeffer, 2 TL Salz und der Hälfte des geriebenen Käses gut vermischen, in den Topf geben. Die Nudeln durch ein Sieb abgießen und zugeben. Vorsichtig umrühren und mit dem restlichen Käse bestreuen. Den Ofen auf mittlere Temperatur vorheizen.
Die Eier mit einer Gabel 2 Minuten schlagen, die Milch unterrühren, beides über die Nudeln geben. Im Ofen bei mittlerer Hitze eine Stunde backen, bis die Nudeln oben braun sind.

Spaghetti mit Rinderschmorfleisch
Makarna Stofato

2-3 Stunden Kochzeit

2 große Tomaten
3 große Zwiebeln
1 kleine Möhre
2 EL Sonnenblumenöl
500 g Rinderbratenfleisch
4 Knoblauchzehen
2 Lorbeerblätter
500 g Spaghetti
2 EL Butter

◆ Die Tomaten kurz in kochendes Wasser tauchen, häuten, entkernen und sehr klein schneiden. Die Zwiebeln klein würfeln, die Möhre vierteln.
In einem mittelgroßen Schmortopf Öl erhitzen und das Fleisch in einem Stück anschmoren, bis es von allen Seiten braun ist. Die Zwiebeln zugeben, unter ständigem Rühren glasig dünsten, dabei nach und nach Möhre, Knoblauchzehen und Lorbeerblätter beifügen. 2 Mokkalöffel schwarzen Pfeffer, 2 TL Salz und Tomaten zugeben, weitere 5 Minuten rühren. 6 Mokkatassen heißes Wasser zugießen und alles bei mittlerer Hitze zugedeckt zwei Stunden kochen, bis das Fleisch sehr weich ist.
30 Minuten bevor das Fleisch gar ist, 2 l Wasser mit 2 EL Salz zum Kochen bringen und die Nudeln 15 bis 20 Minuten kochen, so dass sie noch etwas hart sind. Durch ein Sieb abgießen.
In dem noch heißen Topf Butter zerlassen und die Spaghetti darin wenden. Bei starker Hitze unter ständigem Rühren kurz anbraten und an den Rand einer Servierplatte legen. Das Fleisch in dünne Scheiben schneiden, in die Mitte der Platte geben und mit Sauce übergießen.

Teigröllchen mit Hackfleisch gefüllt
Sigara Böreği Kıymalı

3 mittelgroße Zwiebeln
1 EL Margarine
250 g Hackfleisch von Hammel oder Rind
½ Bund Petersilie
1 EL Paniermehl
3 Blatt Fertigteig
2 Mokkatassen Sonnenblumenöl

◆ Die Zwiebeln klein würfeln. Die Petersilie fein hacken. In einer Kasserolle Margarine zerlassen und die Zwiebeln gelb dünsten. Hackfleisch mit 1 TL Salz zugeben und unter ständigem Rühren schmoren, bis die ausgetretene Flüssigkeit verdampft ist. Die Kasserolle vom Herd nehmen, das Fett so weit wie möglich abgießen. Petersilie, 1 Mokkalöffel schwarzen Pfeffer und Paniermehl zugeben, gut umrühren.
Den Teig wie auf Seite 155 unten beschrieben verarbeiten und füllen.

Teigstreifen in heißer Joghurtsauce
Souroum

6 EL Butter
350 g Mehl
1 TL Zucker
1 kg Vollfett-Joghurt

◆ In einer Kasserolle Butter zerlassen und warm stellen. Mehl, Zucker, die Hälfte der Butter, 2 TL Salz und 2 Mokkatassen lauwarmes Wasser zu einem Teig kneten. In zwölf gleiche Stücke teilen, in ein feuchtes Tuch einschlagen und 30 Minuten ruhen lassen. Den Ofen auf 190° C vorheizen.
Ein Teigstück rechteckig auf Blechbreite ausrollen, auf das heiße Blech legen und bei offenem Ofen jede Seite ½ Minute backen. Herausnehmen, einmal quer falten, mit ein paar Tropfen Wasser besprengen, noch zweimal in derselben Richtung falten, so dass ein länglicher Streifen entsteht, und unter ein feuchtes Tuch legen. Den Ofen sofort schließen, damit er sich wieder aufheizt. Mit allen Teigstücke auf gleiche Weise verfahren.
In einem Topf den Joghurt gut durchrühren und erhitzen – nicht kochen. Die restliche Butter und 2 TL Salz unterrühren, den Topf vom Herd nehmen. Die gefalteten Teigstreifen übereinander legen, in drei gleiche Teile schneiden, auf einer Servierplatte verteilen und mit Joghurtsauce übergießen.

Teigröllchen mit Käsecreme gefüllt
Sigara Böreği Krema İçli

200 g weicher Schafskäse
½ Bund Petersilie
1 EL Butter
30 g Mehl
200 ml Milch
3 Blatt Fertigteig
2 Mokkatassen Sonnenblumenöl

◆ Den Schafskäse mit einer Gabel fein zerdrücken. Die Petersilie fein hacken. In einer mittelgroßen Kasserolle Butter zerlassen und das Mehl 2 Minuten darin schwitzen, ohne dass es braun wird. Nach und nach die Milch unter ständigem Rühren zugießen, bis keine Klümpchen mehr zu sehen sind. Die Kasserolle vom Herd nehmen und etwas abkühlen lassen. Petersilie, Käse und 1 Mokkalöffel Salz zugeben und gut umrühren.
Die drei Teigblätter genau übereinander legen und in je acht spitze Dreiecke teilen. Auf das breite Ende jeweils ½ EL Füllung geben. Das breite Teigende und die Seiten über die Füllung legen und zum spitzen Ende hin wie eine Zigarette rollen.
In einer mittelgroßen Pfanne Öl erhitzen und sechs Teigröllchen bei starker Hitze braun braten. Mit einer Schaumkelle herausnehmen und warm stellen. Mit den restlichen Röllchen auf gleiche Weise verfahren. Warm servieren.

Teigtaschen mit Spinat gefüllt

Puf Böreği İspanaklı

350 g Mehl
1 Eigelb
1 EL Margarine
5 EL Butter
1 kg Spinat
3 mittelgroße Zwiebeln
2 EL Olivenöl
½ Mokkatasse Sesamöl
30 g Paniermehl
2 EL Sonnenblumenöl

◆ 300 g Mehl mit Eigelb, Margarine, ¾ Mokkatasse Wasser und 1 TL Salz zu einem Teig kneten. In ein feuchtes Tuch einschlagen und eine Stunde ruhen lassen.

Etwas Mehl auf die Tischplatte, den Teig und ein dünnes Rollholz streuen. Den Teig halbfingerdick rund so ausrollen, dass er sich um das Holz wickelt; unter Druck wieder abrollen und dies mehrmals wiederholen, bis der Fladen einen Durchmesser von 50 cm hat.

2 EL Butter anwärmen, bis sie weich ist. Den Teigfladen mit einem Pinsel von beiden Seiten mit der Butter einstreichen. Mit einem Messer an acht Stellen im gleichen Abstand voneinander etwa 9 cm lang zur Mitte hin einschneiden. Die einzelnen Anschnitte zur Mitte hin umlegen, so dass einer zum Teil über dem anderen liegt, usw. Dieses tellergroße Achteck wieder in ein feuchtes Tuch einschlagen und eine Stunde ruhen lassen, bis es etwas fest geworden ist.

Währenddessen den Spinat gründlich waschen, harte und weiche Blätter trennen. In einen hohen Topf zuunterst die harten Spinatblätter geben, die weichen darauf legen. ¼ l Wasser und 2 TL Salz beifügen, zugedeckt zum Kochen bringen und 5 Minuten dämpfen. Den Topf vom Herd nehmen, den Spinat durch ein Sieb abgießen, die harten Blätter entfernen und die übrigen gut abtropfen lassen, klein hacken. Die Zwiebeln klein würfeln.

In einem mittelgroßen Topf 3 EL Butter zerlassen und die Zwiebeln glasig dünsten. Spinat, Olivenöl, 1 Mokkalöffel Pfeffer zugeben, unter ständigem Rühren 10 Minuten dünsten. Den Topf vom Herd nehmen, Sesamöl und Paniermehl beifügen, gut umrühren.

Das Teigachteck und das Rollholz mit etwas Mehl einstreuen und den Teig so rollen, dass er sich um das Holz wickelt, unter Druck wieder abrollen und dies mehrmals wiederholen – der Teig wird dadurch locker wie Blätterteig. Dabei den Teig so zusammenlegen, dass ein langes Rechteck entsteht, das nach dem Rollen 2 mm dick ist.

In der Mitte einer Teighälfte längs im Abstand von zweieinhalb Fingerbreiten in gerader Linie je 1 EL Füllung anhäufen. Die andere Teighälfte – Rand auf Rand – darüber decken. Mit einem Rändelrad vom Rand aus Halbovale um die Füllungen ausschneiden und mit den Fingern den Rand dieser Teigtaschen andrücken.
In einer Pfanne Sonnenblumenöl erhitzen und drei bis vier Teigtaschen bei mittlerer Hitze 4 Minuten von beiden Seiten braten. Herausnehmen und warm stellen. Mit den übrigen Teigtaschen auf gleiche Weise verfahren. Warm servieren.

Teigröllchen mit Lammragout gefüllt
Sigara Böreği Talaş İçli

250 g Lammgulasch ohne Fett
1 mittelgroße Tomate
1 große Zwiebel
1 EL Butter
½ Bund Petersilie
1 TL Thymian
3 Blatt Fertigteig
2 Mokkatassen Sonnenblumenöl

◆ Das Fleisch fein würfeln. Die Tomate kurz in kochendes Wasser tauchen, häuten und klein würfeln. Die halbe Zwiebel in halbe Ringe schneiden, die andere Hälfte klein würfeln.
In einer mittelgroßen Kasserolle Butter zerlassen, Fleisch und Zwiebelwürfel anbraten, bis die ausgetretene Flüssigkeit verdampft ist; ab und zu umrühren. Tomate, 1 TL Salz und 1 Mokkatasse heißes Wasser zugeben, einmal umrühren und alles bei mittlerer Hitze zugedeckt 45 Minuten kochen. Die halben Zwiebelringe zugeben, einmal umrühren und alles bei mittlerer Hitze zugedeckt weitere 15 Minuten kochen. Die Petersilie fein hacken.
Die Kasserolle vom Herd nehmen, Petersilie, Thymian und 1 Mokkalöffel schwarzen Pfeffer zugeben, gut umrühren und abkühlen lassen.
Den Teig wie auf Seite 155 unten beschrieben verarbeiten und füllen.

Teigröllchen mit Hühnerragout gefüllt
Sigara Böreği Tavuklu

200 g Hühnerbrust oder 250 g Innereien mit Hals
1 EL Butter
30 g Mehl
200 ml Milch
1 Eigelb
1 Mokkalöffel weißer Pfeffer
1 Messerspitze Muskat
3 Blatt Fertigteig
2 Mokkatassen Sonnenblumenöl

◆ Die Hühnerbrust in ½ l Wasser aufsetzen und 30 Minuten kochen. Durch einen groben Fleischwolf drehen. Werden Innereien verwendet, den Magen aufschneiden, putzen und mit den anderen Innereien waschen; in ½ l Wasser aufsetzen und 30 Minuten kochen; das Fleisch von den Halswirbeln lösen, die Innereien sehr fein würfeln.
In einer Kasserolle Butter zerlassen und das Mehl 2 Minuten darin schwitzen, ohne dass es braun wird. Nach und nach die Milch unter ständigem Rühren zugießen, bis keine Klümpchen mehr zu sehen sind. Das Eigelb mit etwas Milch aus der Kasserolle vermischen.
Hühnerfleisch, Pfeffer, Muskat und 1 TL Salz in die Kasserolle geben, das Eigelb unter ständigem Rühren beifügen und alles noch einmal aufkochen. Die Kasserolle vom Herd nehmen und etwas abkühlen lassen.
Den Teig wie auf Seite 155 unten beschrieben verarbeiten und füllen.

Teigtäschchen mit Hackfleisch gefüllt
Mantı

400 g Mehl
1 Ei
1 Eigelb
4 EL Butter
3 mittelgroße Zwiebeln
1 Bund Petersilie
200 g gemischtes Hackfleisch (Lamm und Hammel)
2 EL Margarine
¾ l Hühnerbrühe
400 g Joghurt
1 TL Rosenpaprika

◆ 350 g Mehl mit Ei, Eigelb, 1 Mokkatasse Wasser und 2 TL Salz gut vermischen. 2 EL Butter zerlassen, die Handflächen damit einstreichen und das Mehlgemisch 10 Minuten gründlich kneten; die Handflächen immer wieder mit Butter einstreichen. Den Teig halbieren, in ein feuchtes Tuch einschlagen und an einem kühlen Ort eine Stunde ruhen lassen.
Etwas Mehl auf die Tischplatte streuen, die Hälfte des Teigs rund ausrollen, die andere Hälfte darin einschlagen, halbfingerdick rund ausrollen und 10 Minuten ruhen lassen.
Währenddessen die Zwiebeln sehr fein würfeln, die Petersilie sehr fein hacken. Das Hackfleisch mit Zwiebeln, Petersilie, 2 Mokkalöffel schwarzem Pfeffer und 2 Mokkalöffel Salz vermischen, 5 Minuten gründlich kneten. In den Kühlschrank legen. Den Ofen auf mittlere Temperatur vorheizen. Den Teig und ein dünnes Rollholz mit etwas Mehl einstreuen und den Teig so rollen, dass er sich um das Holz wickelt; unter Druck wieder abrollen und dies mehrmals wiederholen, bis der Teig 2 mm dünn ist. Mit der Messerspitze vier fingerbreite Vierecke ausschneiden, auf jedes eine nussgroße Menge Hackfleisch geben und die vier Ecken jedes Teigstückes so über dem Hackfleisch zusammendrücken, dass der Teig gut schließt.
Ein Blech mit Margarine einstreichen. Die Teigtäschchen auf dem Blech verteilen und im Ofen bei mittlerer Hitze 20 Minuten backen, bis sie leicht gebräunt sind.
Die Brühe erhitzen und über die Teigtäschchen geben. Im Ofen bei mittlerer Hitze weiterbacken, bis die Flüssigkeit vollständig verdampft ist.
Währenddessen den Joghurt mit einer Gabel flüssig schlagen. In einer Kasserolle 2 EL Butter zerlassen und Paprika 2 Minuten darin verrühren. Die Teigtäschchen auf eine Servierplatte legen, mit Joghurt übergießen und die Paprika-Butter darüber verteilen.

Palast-Börek mit Hühnerragout gefüllt

Saray Böreği Tavuklu

400 g Mehl
8 EL Butter
2 Mokkatassen Olivenöl
1¼ kg Hühnerbrust
1 EL Margarine
2 Mokkatassen Milch
1 Eigelb
2 Mokkalöffel weißer Pfeffer
1 Messerspitze Muskat
1 Ei

◆ 350 g Mehl mit 1 EL Butter, 1½ Mokkatassen Wasser und 1 TL Salz zu einem Teig kneten. In zehn Stücke teilen, flach drücken, in eine Schüssel legen, mit Öl bedecken und an einem kühlen Ort eine Stunde ruhen lassen.

Etwas Öl auf der Tischplatte verstreichen und die Teigstücke frühstückstellergroß ausrollen. 7 EL Butter anwärmen und die Fladen damit oben bestreichen. Jeden Fladen zu einem Drittel falten, das andere Drittel darüber falten und dies zweimal wiederholen. Die Teigpäckchen zurück in die Schüssel mit dem Öl legen und eine Stunde ruhen lassen, bis der Teig etwas fest geworden ist.

Währenddessen die Hühnerbrust in ½ l Wasser aufsetzen und 30 Minuten kochen. Durch einen groben Fleischwolf drehen.

In einer Kasserolle 2 TL Margarine zerlassen und das restliche Mehl 2 Minuten darin schwitzen, ohne dass es braun wird. Nach und nach die Milch unter ständigem Rühren zugießen, bis keine Klümpchen mehr zu sehen sind. Eigelb, Hühnerfleisch, Pfeffer, Muskat und 1 TL Salz zugeben, unter ständigem Rühren einmal aufkochen. Die Kasserolle vom Herd nehmen und etwas abkühlen lassen.

Die Teigpäckchen 15 cm groß ausrollen und je ein Zehntel der Füllung in der Fladenmitte anhäufen. Jeweils die diagonal gegenüberliegenden Ecken so über die Füllung legen, dass sie übereinander liegen. Ein Blech mit der restlichen Margarine dünn einstreichen und die Teigpäckchen darauf verteilen. Das Ei schlagen und mit einem Pinsel auf die Teigpäckchen auftragen. Bei mittlerer Hitze 25 Minuten backen.

Warm servieren.

Gedeckter Zucchini-Kuchen
Kuru Börek Kabagı

300 g Mehl
3 EL Margarine
2 mittelgroße Zucchini
½ Bund Petersilie
100 g Kaşar oder weicher Schweizer Käse
2 Eier
½ Bund Petersilie
1 EL Butter

◆ Das Mehl mit Margarine, 1 Mokkatasse Wasser und 2 TL Salz zu einem Teig kneten. In ein größeres und ein kleineres Stück teilen, mit einem feuchten Tuch bedecken und eine Stunde ruhen lassen.
Währenddessen in einer Schüssel 2 EL Salz in ½ l Wasser verrühren. Die Zucchini mit einem scharfen Messerrücken abschaben, grob reiben und sofort in das Salzwasser geben, damit sie nicht braun werden. 30 Minuten ziehen lassen.
Währenddessen die Petersilie fein hacken. Den Käse grobflockig reiben. Die Zucchini durch ein Sieb abgießen und mit der Hand drücken, damit so viel Flüssigkeit wie möglich heraustropft. Zucchini, Käse, Eier, Petersilie und 1 TL schwarzen Pfeffer gut vermischen.
Die größere Menge Teig rund ausrollen, so dass er einen Durchmesser von etwa 28 cm hat und halbfingerdick ist. Eine flache Backform (etwa 23 cm Durchmesser) mit der Butter einstreichen. Den Ofen auf mittlere Temperatur vorheizen.
Den Teigfladen in die Backform legen und den überstehenden Teig an der Wand der Form festdrücken. Die Füllung auf dem Teigboden verteilen. Die kleinere Teigmenge auf den Durchmesser der Backform ausrollen und auf die Füllung decken. Den überstehenden Rand des Teigbodens über die Teigdecke legen und darauf festdrücken.
Im Ofen bei mittlerer Hitze 45 Minuten backen.

Tortenbörek mit Schafskäse gefüllt
Su Böreği Peynirli

350 g Mehl
3 Eier
2 Mokkatassen Stärkemehl
4 EL Butter

für die Füllung:
250 g Schafskäse
½ Bund Petersilie
½ Bund Dill
1 Ei
1 Mokkatasse Milch

◆ Mehl mit Eiern, ¾ Mokkatasse Wasser und 1 TL Salz zu einem Teig kneten. In neun Kugeln teilen, mit einem feuchten Tuch bedecken und eine Stunde ruhen lassen.
Währenddessen die Füllung zubereiten: Den Schafskäse mit einer Gabel zerdrücken, Petersilie und Dill fein hacken. Mit Ei und Milch vermischen, gründlich kneten und kühl stellen.
Die Teigkugeln einzeln rund ausrollen, so dass jede die Größe eines mittelgroßen Tellers hat. Etwas Stärkemehl auf die Tischplatte und ein dünnes Rollholz streuen und den Teig so rollen, dass er sich um das Holz wickelt; unter Druck wieder abrollen und dies mehrmals wiederholen, bis die Fladen einen Durchmesser von 25 cm haben; dabei immer wieder Fladen und Rollholz mit Stärkemehl bestreuen.
In einem großen, breiten Topf 2½ l Wasser aufsetzen, 5 EL Salz zugeben. Eine für die Fladen passende flache, runde Auflaufform mit 1 EL Butter einstreichen. Die restliche Butter zerlassen. Eine große Schüssel mit kaltem Wasser füllen. Den Ofen auf mittlere Temperatur vorheizen.
Wenn das Wasser kocht, einen Teigfladen 1 Minute darin brühen. Mit einer Schaumkelle herausnehmen, kurz im kalten Wasser abschrecken, gut abtropfen lassen und in die Form legen. Die obere Fladenseite mit einem Pinsel gründlich mit geschmolzener Butter einstreichen. Mit vier Fladen auf gleiche Weise verfahren und übereinander legen. Auf dem letzten Fladen die Füllung gleichmäßig verteilen und glatt streichen. Dann die restlichen vier Fladen brühen, abschrecken, abtropfen lassen, mit Butter einstreichen und auf die Füllung legen. Den obersten Fladen mit Butter einstreichen. Die Form im Ofen bei mittlerer Hitze 45 Minuten backen.
Vor dem Anschneiden 5 Minuten abkühlen lassen.

Varianten

Tortenbörek mit Hackfleisch gefüllt
Su Böreği Kıymalı

für die Füllung:
3 große Zwiebeln
1 Bund Petersilie
2 EL Margarine
200 g Hackfleisch ohne Fett
1 TL Thymian
1 Mokkalöffel scharfes Paprikapulver

◆ Für die Füllung die Zwiebeln fein würfeln und die Petersilie fein hacken. In einer Kasserolle 2 EL Margarine zerlassen und die Zwiebeln gelb dünsten. Das Fleisch mit 2 Mokkalöffeln Salz zugeben und bei starker Hitze unter ständigem Rühren schmoren, bis die ausgetretene Flüssigkeit verdampft ist. Thymian, Paprika und 1 Mokkalöffel schwarzen Pfeffer zugeben, gut umrühren und abkühlen lassen.

Tortenbörek mit Käsecreme gefüllt
Su Böreği Krema İçli

400 g Mehl
5 Eier
125 g Vollfett-Joghurt
4 EL Butter

für die Füllung:
250 g weicher Schafskäse
2 Bund Dill
50 g geriebener Kaşar oder Schweizer Käse
2 Eier
1 EL Milch
150 g Sahne

◆ Mehl mit Eiern und Joghurt zu einem Teig kneten. In neun Kugeln teilen, mit einem feuchten Tuch bedecken und eine Stunde ruhen lassen. Währenddessen die Füllung zubereiten: Den Schafskäse mit einer Gabel zerdrücken, den Dill fein hacken. Mit geriebenem Käse, Eiern, Milch und Sahne vermischen, gründlich kneten und kühl stellen.

Blätterteigtaschen mit Hackfleisch
Muska Böreği Kıymalı

3 mittelgroße Zwiebeln
½ Bund Petersilie
7 EL Margarine
150 g Hackfleisch ohne Fett
3 Eier
250 g Fertig-Blätterteig

◆ Die Zwiebeln fein würfeln, die Petersilie fein hacken. In einer Kasserolle 1 EL Margarine zerlassen und die Zwiebeln gelb dünsten. Fleisch mit 1 Mokkalöffel Salz zugeben und bei starker Hitze unter ständigem Rühren schmoren, bis die ausgetretene Flüssigkeit verdampft ist. Die Kasserolle vom Herd nehmen, 2 Mokkalöffel schwarzen Pfeffer und Petersilie zugeben, gut umrühren, abkühlen lassen.
In einer Kasserolle 2 EL Margarine zerlassen und warm stellen. In einer zweiten Kasserolle 3 EL Margarine erwärmen, die Eier mit einer Gabel etwas schlagen und unterrühren.
Die Teigblätter zu gleich großen Paaren sortieren. Ein Blatt dünn mit Margarine, das andere mit Ei-Fett bestreichen und die bestrichenen Seiten genau aufeinander legen. Die obere Seite mit Ei-Fett bestreichen und das Teigblatt mit der Messerspitze längs halbieren. Mit den übrigen Blättern auf gleiche Weise verfahren. Den Ofen auf mittlere Temperatur vorheizen.
Auf ein Ende jedes Teigstreifens 1 EL Hackfleisch geben. Dann eine Ecke dieses Endes über die Füllung genau auf den Rand der langen Seite des Teigstreifens legen und am Rand entlang andrücken, so dass eine dreieckige Spitze entsteht. Dieses Dreieck auf dem Teigstreifen weiter falten, bis eine dreieckige Teigtasche entstanden ist. Mit den übrigen Streifen auf gleiche Weise verfahren.
Ein Blech mit 1 EL Margarine einstreichen, die Teigtaschen darauf verteilen, die Oberseite mit dem Rest des Ei-Fetts bestreichen. Im Ofen bei mittlerer Hitze 20 Minuten backen, bis die Böreks schön braun sind.

◆

Nachspeisen

Kompostolar

◆

Während im Sommer eher eine Platte mit frischem Obst bevorzugt wird, gehört im Winter zu mehrgängigen Menüs – zu Hause oder im Restaurant – auch in der Türkei ein Dessert.

Nachspeisen sind, mit Ausnahme des konfektähnlichen Lokum und der gefüllten Feigen, nicht stark gesüßt. Meist werden die im Winter reifenden Zitrusfrüchte oder getrocknete Steinfrüchte verwendet. Besonders empfehlenswert sind auch süße Kürbisgerichte.

Gefüllte Äpfel
Elma Dolması

1 Mokkatasse Rundkornreis
4-6 feste, würzige Äpfel (Boskop, Grafensteiner)
200 g Zucker
1 Mokkalöffel gemahlener Zimt
1 EL Korinthen
6 getrocknete Datteln
2 EL Butter
100 g Schlagsahne

◆ In einer kleinen Kasserolle den Reis in ½ l Wasser mit 1 Mokkalöffel Salz aufkochen und 10 Minuten sprudelnd kochen.
Währenddessen am Stielansatz der Äpfel eine Kappe abschneiden, Stiel und Kerngehäuse entfernen – bei geringerer Anzahl der Äpfel mehr Platz für die Füllung aushöhlen. Die Öffnungen mit 1 EL Zucker bestreuen. Den Ofen auf mittlere Temperatur vorheizen.
Die Korinthen in den Reis geben und weitere 5 Minuten kochen. Die Datteln entkernen und klein schneiden. Die Butter zerlassen.
Den Reis vom Herd nehmen, abgießen, mit kaltem Wasser abschrecken und gut abtropfen lassen. Datteln, 1 EL Zucker, Zimt und heiße Butter zugeben, gut umrühren. Den restlichen Zucker mit ½ l Wasser verrühren, erhitzen und bei schwacher Hitze 10 Minuten kochen.
Die Äpfel füllen, mit den Kappen schließen, nebeneinander in eine feuerfeste Form setzen und die heiße Zuckersauce darüber gießen. Bei mittlerer Hitze zugedeckt 40 Minuten backen, dabei mehrmals mit der Zuckersauce übergießen. In den letzten 5 Minuten den Deckel abnehmen.
Die Sahne schlagen und vor dem Servieren auf die heißen Äpfel geben.

Apfelquitten-Kompott
Ayva Kompostosu

1 kg Apfelquitten
2 Gewürznelken
420 g Zucker

◆ Die Quitten schälen, entkernen, klein schneiden und sofort in einen Topf mit 850 ml Wasser geben. Acht Quittenkerne und Nelken zugeben. Bei mittlerer Hitze zugedeckt kochen, bis die Quitten etwas weich sind. Zucker beifügen, umrühren und bei mittlerer Hitze weitere 15 Minuten kochen.
Den Topf vom Herd nehmen, abkühlen lassen und kalt stellen. Das Kompott auf Schälchen verteilen.

Mandarinen-Kompott
Mandalina Kompostosu

1 kg ungespritzte Mandarinen
500 g Zucker

◆ Die glänzende Oberfläche der Mandarinen mit einem scharfen Messer abschaben, Schale und weiße Fäden sorgfältig vom Fruchtfleisch lösen. Das Weiße in den Schalen mit einem Messer abschaben. Die Schalen in kurze, schmale Streifen schneiden, unter fließendem Wasser gründlich waschen und in einer Kasserolle in 1 l Wasser weich kochen.
Das Wasser abgießen, die Schalen mit ½ l frischem Wasser und Zucker verrühren. Bei mittlerer Hitze weitere 20 Minuten kochen.
Währenddessen die Mandarinen in Scheiben zerlegen, von Häutchen und Kernen befreien und in eine verschließbare feuerfeste Schüssel geben. Zuckersaft und Schalen über die Früchte gießen, verschließen, abkühlen lassen und kalt stellen. Das Kompott auf Schälchen verteilen.

Orangen-Kompott
Portakal Kompostosu

1200 g ungespritzte Orangen mit dicker Schale
500 g Zucker
Zitronensaft

◆ Die Orangenschalen mit einem scharfen Messer fein abschaben, die dünne rote Schicht wie einen Apfel schälen, in kurze schmale Streifen schneiden und unter fließendem Wasser gründlich waschen. Die Schalen in ½ l Wasser weich kochen.
Das Wasser abgießen, die Schalen mit ½ l frischem Wasser, Zucker und Zitronensaft verrühren, bei mittlerer Hitze weitere 20 Minuten kochen.
Währenddessen das Fruchtfleisch aus der weißen Schale lösen und in Scheiben zerlegen. Von Häutchen und Kernen befreien und in eine verschließbare feuerfeste Schüssel geben. Zuckersaft und Schalen über die Früchte gießen, verschließen, abkühlen lassen und kalt stellen. Das Kompott auf Schälchen verteilen.

Kompott aus getrockneten Aprikosen
Kuru Kayısı Kompostosu

am Vortag beginnen

250 g getrocknete Aprikosen
300 g Zucker

◆ Die Aprikosen waschen und in einem Topf mit 1 l Wasser über Nacht einweichen.
Am nächsten Tag den Zucker einrühren, erhitzen und bei mittlerer Hitze zugedeckt kochen, bis die Aprikosen weich sind.
Den Topf vom Herd nehmen, abkühlen lassen und kalt stellen. Das Kompott auf Schälchen verteilen.

Aprikosen-Kompott mit Pistazien
Kaymaklı Kuru Kayısı Kompostosu

am Vortag beginnen

30 getrocknete Aprikosen
300 g Zucker
200 g Schlagsahne
100 g granulierte Pistazien

◆ Die Aprikosen waschen und in einem Topf mit 1 l Wasser über Nacht einweichen.
Am nächsten Tag den Zucker einrühren, erhitzen und 10 Minuten kochen. Den Topf vom Herd nehmen, abkühlen lassen und kalt stellen.
Den Zuckersaft durch ein Sieb in eine andere Schüssel abgießen. Die Sahne schlagen und auf Schüsselchen verteilen. Die Früchte aus dem Sieb auf die Sahne geben, mit Zuckersaft übergießen und mit Pistazien bestreuen.

Weizenbrei mit Traubensaft und Nüssen
Şekerli Tarhana Çorbası

300 g feine Weizengrütze
1 l Traubensaft
1 Mokkatasse Zucker
2 EL Butter
1 Mokkatasse granulierte Walnüsse
1 Mokkalöffel gemahlener Zimt
1 Messerspitze Piment
1 Messerspitze gemahlene Gewürznelken
150 g Schlagsahne

◆ Die Weizengrütze in ½ l Wasser mit 2 TL Salz 10 Minuten einweichen. Einmal umrühren, das Wasser abgießen, mehrmals in kaltem Wasser spülen und gut abtropfen lassen. Mit Traubensaft und 2 Mokkatassen Wasser aufkochen, die Hitze reduzieren und alles zugedeckt 90 Minuten kochen.
Zucker und Butter einrühren, den Brei mit dem Schneebesen 5 Minuten schlagen. Nüsse, Zimt, Piment und Nelken zugeben, gut umrühren.
Kalt oder heiß servieren. Die Sahne schlagen und darüber geben.

Mit Nüssen gefüllte Feigen in Milch
Kuru İncir Tatlısı

am Vortag beginnen

1 Packung trockene Feigen
125 g Zucker
200 g gemahlene Haselnüsse
1 EL Butter
1 l Milch

◆ Die Feigen in ½ l Wasser über Nacht einweichen. Am nächsten Tag 100 g Zucker mit den Nüssen vermischen. Die Feigen entstielen, mit dem Finger ein Loch bohren und die Nussmasse hineindrücken.
Einen flachen Topf mit Butter einstreichen und die Feigen nebeneinander mit der Öffnung nach oben hineinsetzen. Die Milch mit dem restlichen Zucker verrühren und zwischen die Feigen gießen.
Den Topf schließen, bei mittlerer Hitze aufkochen und 3 Minuten kochen. Den Topf vom Herd nehmen und langsam abkühlen lassen. Kalt servieren.

Süße Kürbisschnitten im eigenen Saft
Balkabağı Tatlısı

1½ kg Kürbis
400 g Zucker
100 g granulierte Walnüsse

◆ Das Kürbisstück schälen, in zwei fingerbreite Schnitten teilen und in einen flachen Topf legen. Zucker sowie 2 Mokkatassen Wasser zugeben und alles bei schwacher Hitze zugedeckt kochen, bis der Kürbis weich, aber noch etwas fest ist.
Die Scheiben mit einer Schaumkelle herausnehmen, auf einer Platte anordnen, nach Geschmack einen Teil des Saftes darüber geben und kalt stellen. Vor dem Servieren die Walnüsse darüber streuen.

Süßes Rosenwasser-Gelee mit Pistazien
Antepfıstıklı Lokum

am Vortag zubereiten

1½ kg Zucker
200 g Stärkemehl
300 g Pistazien
2 Tropfen Bergamotte-Essenz
2 EL Rosenwasser
100 g Puderzucker
50 g Kokosflocken

◆ In einem mittelgroßen Topf 1 l Wasser, Zucker und Stärkemehl verrühren und aufkochen. Die Hitze reduzieren und die Masse zwei Stunden dick werden lassen.
Währenddessen die Pistazien kurz in ½ l Wasser brühen, häuten und sofort unterrühren. 10 Minuten vor Ablauf der Zeit die Bergamotte-Essenz unterrühren.
Den Topf vom Herd nehmen und das Rosenwasser einrühren. Den Sirup in eine große viereckige Schale gießen und über Nacht abkühlen lassen.
Am nächsten Tag in zweifingerlange und -breite Vierecke schneiden, in Puderzucker wälzen und mit Kokosflocken bestreuen.

Kürbis mit Reis und Rosinen gefüllt

Balkabağı Dandermasɩ

300 g Milchreis
150 g Rosinen
1½ kg Kürbis
200 g Butter
150 g Zucker
zum Garnieren: Pistazien, Kokosflocken, granulierte Nüsse oder Zimt

◆ Den Reis in 1 l Wasser aufsetzen, 2 TL Salz zugeben und 15 Minuten sprudelnd kochen. Die Rosinen zugeben und weitere 5 Minuten kochen, bis der Reis innen weich, aber noch körnig ist. Den Kürbis schälen und in 1 cm dicke Scheiben schneiden.

Reis und Rosinen durch ein Sieb abgießen und unter kaltem Wasser spülen. Eine lange, flache feuerfeste Form mit 1 EL Butter einstreichen. Die Hälfte der Kürbisscheiben nebeneinander in die Form legen. 120 g Butter zerlassen, mit einem Viertel die Kürbisscheiben bestreichen. Ein Viertel des Zuckers darüber streuen.

In einer Schale Reis und Rosinen mit einem Viertel der Butter und des Zuckers vermischen, auf die Kürbisscheiben verteilen. Den Ofen auf mittlere Temperatur vorheizen.

In einer Pfanne die feste Butter zerlassen und die restlichen Kürbisscheiben bei starker Hitze von beiden Seiten je ½ Minute anbraten. Auf die Reis-Füllung legen, mit dem restlichen Zucker bestreuen und die restliche geschmolzene Butter darüber träufeln. Die Form schließen oder mit Alufolie bedecken.

Im Ofen bei mittlerer Hitze 30 Minuten backen, aufdecken und bei starker Hitze weitere 5 Minuten überbacken.

Warm servieren und nach Geschmack mit Pistazien oder – fürs Auge besonders empfehlenswert – Kokosflocken, mit Nüssen oder Zimt bestreuen.

Backpflaumen-Kaltschale
Erik Hoşafı

am Vortag beginnen

350 g Backpflaumen
250 g Zucker

◆ Die Pflaumen gründlich waschen und in einem Topf mit 1½ l Wasser über Nacht einweichen.
Am nächsten Tag den Zucker einrühren, erhitzen und bei mittlerer Hitze kochen, bis die Pflaumen weich sind.
Den Topf vom Herd nehmen, abkühlen lassen und vor dem Servieren eine Stunde kalt stellen.

Kaltschale aus Beeren und Orangen
Karışık Portakal Hoşafı

1 kg Saftorangen
300 g Zucker
2 Granatäpfel
1 Mokkatasse rote Johannisbeeren
1 Mokkatasse sehr reife Johannisbeeren
1 Mokkatasse schwarze Brombeeren
1 Mokkatasse sehr reife Himbeeren
1 Zitrone (Saft)

◆ Alle Orangen bis auf zwei auspressen und mit Zucker und 200 ml Wasser verrühren. Die beiden Orangen schälen, in Scheiben zerlegen, die Haut entfernen. Die Granatäpfel aufbrechen und das kernige Fruchtfleisch herauslösen. Die Beeren gründlich waschen. Alle Früchte mit dem Zitronensaft in den Orangensaft rühren und vor dem Servieren eine Stunde kalt stellen.

Sultaninen-Kaltschale
Üzüm Hoşafı

am Vortag beginnen

300 g Sultaninen
250 g Zucker

◆ Die Sultaninen gründlich waschen und in einem großen Topf mit 1½ l Wasser über Nacht einweichen.
Am nächsten Tag den Zucker einrühren, erhitzen und bei mittlerer Hitze 5 Minuten kochen.
Den Topf vom Herd nehmen, abkühlen lassen und vor dem Servieren kalt stellen.

Süßspeisen
Tatlılar

Einige Süßspeisen werden in der Türkei zu besonderen Anlässen zubereitet:

Asure, ein festes Weizengelee aus verschiedenen Trockenfrüchten und Nüssen, soll nach der meist nährwertarmen Winterkost Kraft für das beginnende Jahr geben, das nach alter Tradition auf den Frühlingsanfang fällt.

Güllac, eine Blätterteigspeise aus Reismehl, mit Mandeln oder Nüssen gefüllt und mit Rosenwasser verfeinert, hilft im Fastenmonat Ramadan, den Tag ohne Speisen leichter zu verkraften.

Helva – bei uns in einer Variante als Türkischer Honig bekannt – wird, mit Pistazien, Erdnüssen oder Kakao gemischt, zum religiösen Zuckerfest den Nachbarn und Armen als süßes Geschenk gebracht.

Baklava, aus Weizenmehl-Blätterteig, Zuckersirup und granulierten Pistazien zubereitet, darf bei keiner Rakı-Tafel als krönender Abschluss fehlen. Und darauf einen türkischen Mokka!

Süße Ziegenkäse-Happen
Lor Tatlısı

3 EL Butter
4 Eigelb
800 g Zucker
1 Mokkalöffel Karbonat
500 g frischer ungesalzener Ziegenkäse
1 EL feiner Grieß
1 EL feines Mehl

◆ 2 EL Butter zerlassen und abkühlen lassen. In einer Schüssel Eigelb mit 2 EL Zucker 5 Minuten schlagen. Karbonat und geschmolzene Butter unterrühren. Den Käse durch ein grobes Sieb in die Schüssel streichen und gut umrühren. Grieß und Mehl zugeben, mehrmals umrühren. Den Ofen auf mittlere Temperatur vorheizen.
Eine große, flache feuerfeste Form mit Butter einstreichen. Den Teig in eine Spritztüte mit runder, daumendicker Düse geben und daumengroße Röllchen in die Form spritzen. Bei mittlerer Hitze 20 Minuten knusprig backen.
Währenddessen in einem mittelgroßen Topf den restlichen Zucker in 600 ml Wasser unter ständigem Rühren aufkochen und bei mittlerer Hitze 10 Minuten kochen. Wenn die Käsehappen knusprig sind, den heißen Sirup darüber gießen, die Form schließen oder mit Alufolie bedecken. Bei schwacher Hitze weitere 15 Minuten backen, damit die Happen den Sirup gut aufsaugen.
Herausnehmen und vor dem Servieren kalt stellen.

Reisplätzchen
Pirinç Unu Kurabiyesi

165 g Zucker
180 g Butter
650 g Reismehl
10 Eier

◆ In einer Kasserolle 100 g Zucker mit ¼ l Wasser verrühren, bei schwacher Hitze 10 Minuten kochen und kalt stellen. Ein Blech mit 1 EL Butter einstreichen. Den Ofen auf mittlere Temperatur vorheizen.
Die restliche Butter mit 1 l Wasser und 1 Mokkalöffel Salz unter Quirlen aufkochen. Vom Herd nehmen, nach und nach Reismehl hineinrühren. Zurück auf den Herd stellen und bei schwacher Hitze mit dem Holzlöffel drücken und rühren, dabei 2 EL Zucker zugeben. Wenn der Teig fest wird, Eier beifügen und 10 Minuten kneten. Walnussgroße Mengen zwischen den Händen zu Bällchen formen, flach drücken und auf das Blech geben. Im Ofen bei schwacher Hitze 25 Minuten knusprig backen.
Herausnehmen, im kalten Zuckerwasser abschrecken und servieren.

Weihnachtspasteten
Maghi Vra

300 g getrocknete Aprikosen
500 g Zucker
150 g Butter
100 g gehobelte Mandeln
300 g Mehl
2 EL Stärkemehl
1 EL abgeriebene Orangenschale
1 TL Trockenhefe
1 EL Cognac
300 g granulierte Walnüsse
1 TL gemahlener Zimt

◆ Die Aprikosen klein schneiden. In einer Kasserolle mit 200 g Zucker und ⅓ l Wasser verrühren, einmal aufkochen und 15 Minuten bei mittlerer Hitze kochen. Ein Blech mit 1 EL Butter einstreichen. Die Mandeln etwas zerkleinern. Die restliche Butter zerlassen.

Die Aprikosen vom Herd nehmen und abkühlen lassen.

In einer Schüssel Mehl, Stärkemehl und Orangenschale vermischen. Die Trockenhefe in einem Schälchen mit ½ Mokkatasse warmem Wasser verrühren und mit Aprikosen, geschmolzener Butter und Mehl verrühren, den Cognac zugeben und leicht kneten. Den Ofen auf mittlere Temperatur vorheizen.

Eiergroße Mengen zwischen den Händen zu daumendicken, 10 cm langen Rollen formen, mit den Fingerspitzen auf 4 cm Breite drücken. Die Walnüsse in die Mitte der Teigstreifen streuen. Die Teigstreifen längs über den Nüssen falten, die Enden zusammendrücken und die Längsränder so zustreichen, dass die Pasteten die Form von Röllchen bekommen. Auf dem Blech verteilen und bei mittlerer Hitze 30 Minuten goldbraun backen.

Währenddessen in einer Kasserolle den restlichen Zucker mit Zimt und 150 ml Wasser vermischen, aufkochen und bei schwacher Hitze 10 Minuten kochen. Die Kasserolle vom Herd nehmen und abkühlen lassen.

Die Pasteten aus dem Ofen nehmen, im Sirup wenden und in den Mandeln wälzen. Kalt servieren.

Milchplätzchen in Zitronensirup
Şekerpare

275 g Zucker
1 TL Zitronensaft
1 Mokkatasse Milch
120 g Butter
1 Ei
100 g Puderzucker
300 g Mehl
½ Mokkalöffel Backpulver
100 g Mandeln

◆ In einer Kasserolle den Zucker mit 300 ml Wasser und Zitronensaft verrühren, erhitzen und bei mittlerer Hitze 5 Minuten kochen. Die Kasserolle vom Herd nehmen, abkühlen lassen und kalt stellen. Die Milch etwas anwärmen. Ein Blech mit 1 TL Butter einstreichen.
In einer Schüssel das Ei mit Puderzucker verrühren, restliche Butter zugeben und 5 Minuten mit dem Schneebesen schlagen. 1 Mokkalöffel Salz, Mehl und Backpulver beifügen, nach und nach unter ständigem Kneten Milch zugießen. Den Teig etwas gehen lassen.
Währenddessen in einer Kasserolle die Mandeln in ⅓ l Wasser kurz aufkochen, abgießen, abkühlen lassen und schälen. Den Ofen auf mittlere Temperatur vorheizen.
Walnussgroße Mengen des Teigs zwischen den Händen rund formen, flach drücken und nebeneinander auf das Blech legen. Auf jedes Plätzchen drei Mandeln sternförmig drücken. Im Ofen bei mittlerer Hitze 35 Minuten hellbraun backen.
Herausnehmen, sofort in den kalten Sirup geben und eine Stunde darin kalt werden lassen. Abtropfen lassen und servieren.

Spritzkuchen mit Zitronensirup
Tulumba Tatlısı

500 g Zucker
1 TL Zitronensaft
1 EL Margarine
230 g Mehl
4 Eier
280 g Olivenöl
100 g Schlagsahne

◆ In einer Kasserolle den Zucker mit 400 ml Wasser und Zitronensaft verrühren, erhitzen und bei mittlerer Hitze 15 Minuten kochen. Die Kasserolle vom Herd nehmen, abkühlen lassen und kalt stellen.

In einem mittelgroßen Topf Margarine zerlassen, 2 Mokkalöffel Salz und 300 ml warmes Wasser zugeben, umrühren. Unter ständigem Rühren mit einem Holzlöffel das Mehl beifügen. Bei schwacher Hitze unter ständigem Rühren und Drücken mit dem Holzlöffel einen Teig herstellen, ohne dass das Mehl braun wird. Den Topf vom Herd nehmen und kalt stellen.

Den abgekühlten Teig in eine Schüssel geben, die Eier beifügen, gut durchkneten und in eine Spritztüte geben.

In einer großen Pfanne Öl anwärmen, den Teig in fingerlangen Streifen hineinspritzen und auf mittlere Hitze verringern. Wenn der Teig steigt, die Hitze erhöhen, die Pfanne gelegentlich leicht schütteln, damit er nicht ansetzt. Auf diese Weise die Spritzkuchen von allen Seiten goldbraun braten, dabei vorsichtig mit einer Schaumkelle wenden. Beim Herausnehmen das Öl gut abtropfen lassen. 30 Minuten in den Sirup geben, zwischendurch wenden.

Zum Servieren mit der Schaumkelle herausnehmen, die Sahne schlagen und darauf spritzen.

Teigkringel in Zitronensirup
Kadın Göbeği

500 g Zucker
1 TL Zitronensaft
3 EL Margarine
225 g Mehl
2 Eier
1 Eigelb
280 g Olivenöl
100 g Schlagsahne

◆ In einer Kasserolle Zucker und Zitronensaft in 400 ml Wasser verrühren, erhitzen und 15 Minuten kochen. Den Topf vom Herd nehmen und kalt stellen.
In einem mittelgroßen Topf Margarine zerlassen, 2 Mokkalöffel Salz und 300 ml Wasser zugeben, umrühren. Bei schwacher Hitze unter ständigem Rühren mit einem Holzlöffel Mehl zugeben. Etwa 6 Minuten mit dem Holzlöffel rühren und drücken, bis ein Teig entsteht, ohne dass das Mehl braun wird. Den Topf vom Herd nehmen und kalt stellen.
Den abgekühlten Teig in eine Schüssel geben, Eier und Eigelb hinzufügen, gründlich durchkneten. Die Hände mit Öl bestreichen, walnussgroße Teigstücke zu kleinen Bällchen rollen, flach drücken und mit dem Finger ein Loch durch die Mitte bohren.
In einer großen Pfanne Öl erwärmen, die Kringel hineingeben und alles auf mittlere Hitze bringen. Nachdem der Teig gestiegen ist, die Temperatur erhöhen und die Kringel von beiden Seiten goldbraun braten; dabei die Pfanne gelegentlich schütteln, damit sie nicht ansetzen.
Mit einer Schaumkelle herausnehmen, gut abtropfen lassen und in den Sirup geben. Nach 15 Minuten mit der Schaumkelle herausnehmen und servieren. Die Sahne schlagen und in das Kringelloch spritzen.

Blätterteig-Pasteten in Rosenmilch
Bademli Güllaç

1 l Milch
450 g Zucker
10 Blatt Reisstärke-Blätterteig
150 g granulierte Mandeln
2 EL Rosenwasser

◆ Die Milch erhitzen, den Zucker darin auflösen und kalt stellen.
Die Teigblätter einzeln in die kalte Milch tauchen und darin liegen lassen, bis der Teig etwas weich geworden ist. Herausnehmen, auf den Tisch legen und die Ränder zur Mitte hin so zu einem Viereck falten, dass in der Mitte Platz bleibt. 1 EL Mandeln darauf geben und die Ecken zur Mitte hin so über die Füllung falten, dass die Mandeln nicht mehr zu sehen sind.
Die Teigtaschen in eine flache Schale legen und mit Rosenwasser überträufeln. Wenn es aufgesogen ist, die restliche süße Milch über die Pasteten verteilen. Vor dem Servieren 30 Minuten kalt stellen.

Varianten
Als Füllung können jede Art von Nüssen, Reispudding oder Schlagsahne verwendet werden.

Blätterteig-Auflauf mit Pistazien
Fıstıklı Baklava (Hazır Yufkadan)

200 g Pistazien
850 g Zucker
500 g Fertig-Blätterteig
320 g Butter
2 TL Zitronensaft
50 g Kokosflocken

◆ Die Pistazien mit 200 g Zucker vermischen und ziehen lassen. Die Teigblätter – sie dürfen nicht trocken sein – auf die Größe der feuerfesten Form zurechtschneiden. Die Form mit ½ bis 1 EL Butter einstreichen, die restliche Butter zerlassen.
Die Hälfte der Teigblätter nacheinander in die Form legen und jeweils mit 1 TL bis 1 EL Butter einstreichen. Die Pistazien gleichmäßig darauf verteilen. Den Ofen auf mittlere Temperatur vorheizen.
Mit den übrigen Teigblättern auf gleiche Weise verfahren, das oberste Teigblatt mit der doppelten Menge Butter einstreichen. Den Blätterteig mit einem scharfen, glatt schneidenden Messer bis auf den Formboden in dreifingerbreite und vierfingerlange Rhomben durchschneiden. Im Ofen bei mittlerer Hitze 75 Minuten backen.
Währenddessen in einem mittelgroßen Topf 650 g Zucker und Zitronensaft mit ½ l Wasser verrühren, erhitzen und bei mittlerer Hitze 15 Minuten kochen. Den Topf vom Herd nehmen und abkühlen lassen.
Kurz vor Ende der Backzeit die restliche Butter stark erhitzen. Die Temperatur etwas erhöhen, die Form halb aus dem Ofen ziehen und über jeden Blätterteig-Rhombus heiße Butter gießen – es muss richtig knistern. Die Form wieder in den Ofen schieben und 25 Minuten goldbraun backen. Den Auflauf herausnehmen, sofort mit lauwarmem Sirup übergießen und abkühlen lassen. Vor dem Servieren über jede Portion einige Kokosflocken streuen.

Engelshaar-Auflauf mit Sahne-Pudding
Tel Kadayıfı (Sıcak Kaymaklı)

100 g Stärkemehl
325 ml Milch
200 g Butter
500 g Engelshaar-Fadennudeln
200 g Sahne
800 g Zucker
2 TL Zitronensaft
granulierte Pistazien

◆ In einer Kasserolle das Stärkemehl mit dem Schneebesen in der Milch verrühren und dabei erhitzen, bis es Pudding ähnelt. Die Kasserolle vom Herd nehmen und abkühlen lassen. Den Ofen auf mittlere Temperatur vorheizen. Eine große, flache feuerfeste Form (30 cm Durchmesser) mit 2 TL Butter einstreichen und die Hälfte des Engelshaars gleichmäßig darin verteilen.
Die restliche Butter zerlassen. Die Sahne mit dem Stärke-Pudding verrühren, auf das Engelshaar geben und mit einem Kuchenmesser glatt streichen. Die andere Hälfte des Engelshaars gleichmäßig darauf verteilen, geschmolzene Butter darüber gießen. Im Ofen bei mittlerer Hitze 35 Minuten backen.
Währenddessen in einem mittelgroßen Topf Zucker und Zitronensaft mit 700 ml Wasser verrühren, erhitzen und 7 Minuten kochen, bis ein flüssiger Sirup entstanden ist. Den Topf vom Herd nehmen.
Wenn das Engelshaar oben hellbraun ist, die Form aus dem Ofen nehmen und etwas abkühlen lassen. Den heißen Sirup darüber gießen, die Form zudecken und den Auflauf ziehen lassen, bis er lauwarm ist. In vierfingerbreite Quadrate schneiden, mit einigen Pistazien bestreuen und servieren.

Grießkuchen mit Mandeln in Sirup
Bademli Revani

am Vortag zubereiten

3 EL Butter
1 Mokkatasse Mehl
9 Eier
1200 g Zucker
1 Orange (abgeriebene Schale)
275 g feinster Weizengrieß
100 g Mandelsplitter
1 EL Zitronensaft
200 g Schlagsahne

◆ Eine Marmorkuchenform mit 1 EL Butter einstreichen. Mit 1 EL Mehl bestreuen und hin und her schütteln, bis das Mehl sich auf der Butter verteilt hat. Die Form umdrehen und das lose Mehl herausklopfen. Die Eier trennen. Das Eigelb mit 250 g Zucker und 1 Mokkalöffel Salz verrühren. Das Eiweiß steif schlagen, dabei etwas Zucker untermengen, damit es fester wird. Den Ofen auf mittlere Temperatur vorheizen.
Die Orangenschale in das Zucker-Eigelb-Gemisch rühren, Grieß, Mandelsplitter und Mehl unterrühren. 2 EL Butter zerlassen und abkühlen lassen. Die Butter mit dem Teig verkneten, das steife Eiweiß zugeben und weiterkneten, bis der Teig locker ist. In die Form geben und im Ofen bei mittlerer Hitze eine Stunde backen. 15 Minuten vor Ende der Backzeit in einem mittelgroßen Topf den restlichen Zucker und Zitronensaft mit 800 ml Wasser verrühren, erhitzen und 10 Minuten kochen.
Den Kuchen aus dem Ofen nehmen, nach und nach heißen Sirup darüber gießen. Auf eine Kuchenplatte stürzen und kalt stellen. Einen Tag ruhen lassen.
Am nächsten Tag die Sahne schlagen, eine Papierscheibe in die Kuchenmitte drücken und die Vertiefung mit Schlagsahne ausfüllen.

Reispudding mit Pistazien
Fıstıklı Muhallebi

1¾ l Milch
300 g Zucker
1½ EL Stärkemehl
4 EL Reismehl
200 g granulierte Pistazien

◆ In einem Topf Milch, Zucker und 2 Mokkalöffel Salz verrühren, einmal aufkochen und die Hitze reduzieren.
In einem Schälchen Stärke- und Reismehl mit 2½ Mokkatassen lauwarmem Wasser verrühren und unter schnellem Rühren langsam in die Milch geben. Wenn das Gelee dick wird, Pistazien unterrühren und den Topf vom Herd nehmen. Etwas abkühlen lassen, in Schälchen füllen und kalt stellen.

Variante
Die Pistazien durch Kokosflocken ersetzen.

Safran-Süßspeise
Zerde

1 Mokkatasse Milchreis
1 Mokkalöffel Safranblüte
1 Mokkalöffel gemahlene Kurkuma
250 g Zucker
1 EL Pfeilwurzmehl
1 Granatapfel
½ Mokkatasse Korinthen
½ Mokkatasse granulierte Pistazien

◆ Den Reis in einem Topf mit 900 ml Wasser aufsetzen und 20 Minuten kochen. Währenddessen den Safran in ½ Mokkatasse warmem Wasser zerkrümeln und mit Kurkuma verrühren.
Den Zucker zum Reis geben und gut umrühren. Das Safran-Kurkuma-Gemisch unterrühren. Das Pfeilwurzmehl in ½ Mokkatasse warmem Wasser verrühren, ebenfalls zugeben und den Reis unter ständigem Rühren aufkochen. Den Topf vom Herd nehmen und etwas abkühlen lassen. Den Granatapfel aufbrechen und das kernige Fruchtfleisch herauslösen.
Die Süßspeise in Schälchen füllen und kalt stellen. Vor dem Servieren Fruchtfleisch, Korinthen und Pistazien darüber streuen.

Geharztes Milchreisgelee mit Sirup
Bağdat Sütlacı

150 g Milchreis
2 l Milch
1 EL gemahlenes Mastix
300 g Zucker
½ Zitrone (Saft)
200 g Schlagsahne

◆ In einem Schälchen ½ l warmes Wasser mit 2 TL Salz verrühren, den Reis zugeben und 30 Minuten einweichen. Mehrmals umrühren, durch ein Sieb abgießen und unter kaltem Wasser spülen. In einem kleinen Topf den Reis in ½ l Wasser aufsetzen und 20 Minuten weich kochen. Abgießen.
In einem mittelgroßen Topf Milch, Reis, Salz und Mastix verrühren, bei schwacher Hitze kochen, bis das Gelee dick wird. In eine große flache Schüssel geben, so dass das Gelee zweifingerdick steht, und abkühlen lassen. In einer Kasserolle den Zucker mit 2 Mokkatassen warmem Wasser und Zitronensaft verrühren und bei mittlerer Hitze unter ständigem Rühren 15 Minuten kochen. Die Kasserolle vom Herd nehmen und abkühlen lassen. Über das Gelee gießen und kalt stellen.
Vor dem Servieren die geschlagene Sahne auf dem Sirup verteilen.

Variante
Das Gelee kann auch im Ofen überbacken werden: Nach dem Kochen in eine flache feuerfeste Form geben und im Ofen bei mittlerer Hitze backen, bis es oben braun ist. Herausnehmen, abkühlen lassen, mit Zitronensirup übergießen und kalt stellen. Ebenfalls mit Schlagsahne servieren.

Dattelpudding
Hurma Pastası

600 g getrocknete oder
500 g frische Datteln
250 g Butter
1 TL Trockenhefe
2 Mokkatassen Milch
2 Eier
150 g gemahlene Walnüsse
1 Mokkatasse Zucker
1 EL Mehl
250 g Schlagsahne

◆ Die Datteln entsteinen und klein schneiden. Eine Kuchenform mit 1 EL Butter einstreichen. Die Hefe in der lauwarmen Milch verrühren. Die Eier schlagen. Die restliche Butter zerlassen. Den Ofen auf mittlere Temperatur vorheizen.
Alle Zutaten bis auf die Sahne gut verrühren und etwas kneten. Die Masse in die Form geben und im Ofen bei mittlerer Hitze 40 Minuten backen. Herausnehmen und auf eine Platte stürzen. Die geschlagene Sahne darüber geben und sofort servieren.

Reismehl-Krapfen
Pirinç Unu Lokması

400 g Zucker
¼ l Milch
320 g Reismehl
200 g Butter
2 Eier

◆ In einer Kasserolle den Zucker in ⅓ l Wasser verrühren, 10 Minuten kochen und kalt stellen.
In einem mittelgroßen Topf Milch erhitzen, nach und nach das Reismehl einrühren. Wenn der Brei dick ist, den Topf vom Herd nehmen, 1 EL Butter darin verrühren und die Eier gut unterrühren. In einer kleinen Pfanne die restliche Butter bei starker Hitze zerlassen. Den abgekühlten Teig zwischen den Händen Stück für Stück daumendick rollen, die Rolle in die Hand nehmen, einen Teelöffel in warmes Wasser tauchen, damit ein haselnussgroßes Stück von der Teigrolle abschneiden und in die Pfanne geben. Das Rollenende wieder rund formen, den Teelöffel erneut anfeuchten und mit dem restlichen Teig auf gleiche Weise verfahren. Die Krapfen von beiden Seiten hellbraun braten, mit einer Schaumkelle herausnehmen und abtropfen lassen. Sofort in den kalten Sirup tauchen, darin etwas abkühlen lassen. Mit einer zweiten Schaumkelle herausnehmen, abtropfen lassen und auf einen Servierteller legen.

Das Abkühlen übernimmt am besten eine zweite Person, damit weder Butter noch Krapfen verbrennen.

Reispudding mit Hähnchenbrust
Tavuk Göğsü

½ Hähnchenbrust
1¾ l Milch
350 g Zucker
2 EL Stärkemehl
4 EL Reismehl
gemahlener Zimt

◆ Die Hähnchenbrust in ½ l Wasser weich kochen. Abgießen und das Fleisch abkühlen lassen. In fingerdicke Faserstreifen teilen, quer in 1 cm lange Stücke schneiden, zwischen den Fingern zerfasern und in ein Schüsselchen mit warmem Wasser geben. Das Fleisch im Wasser zwischen den Fingern reiben, durch ein Sieb gießen und ausdrücken. Dies mehrmals wiederholen, damit der Huhngeschmack verloren geht.
In einem Topf Milch, Zucker und 2 Mokkalöffel Salz verrühren, einmal aufkochen und die Hitze reduzieren.
In einem Schälchen Stärke- und Reismehl mit 3 Mokkatassen lauwarmem Wasser verrühren, nach und nach unter schnellem Rühren in die Milch geben. Wenn es dick wird, 2 Kellen davon mit den Hähnchenfasern verrühren und diese zurück in den Reispudding geben. Bei schwacher Hitze unter ständigem Rühren kochen, bis der Pudding dick ist – zum Prüfen 1 TL Pudding auf einer Untertasse kalt stellen und dann mit dem Finger schieben: Wenn er sich glatt von der Untertasse löst, ist der Pudding fertig.
Etwas abkühlen lassen, in Schälchen füllen und kalt stellen. Vor dem Servieren mit einer Prise Zimt bestreuen.

Variante

Angebrannter Reispudding mit Hähnchenbrust
Kazandibi Tavukgöğsü

◆ Den gekochten Reispudding eineinhalbfingerdick auf einem Blech verteilen und auf die heiße Platte bzw. Flamme setzen. Das Blech durch langsames Hin- und Herbewegen gleichmäßig erhitzen. Mit einem Metalllöffel an verschiedene Stellen des Blechrands klopfen, um zu prüfen, ob der Pudding angesetzt hat: Klingt das Blech dumpf, ist er fertig, klingt es metallisch hell, diese Stelle weiter erhitzen.
Vom Herd nehmen und abkühlen lassen. Wie einen Blechkuchen in eckige Stücke schneiden, mit einem Heber oder Kuchenmesser vom Blech lösen und mit der angebrannten Seite zuoberst auf einen Servierteller legen.

Wem die angebrannte Schicht zu bitter schmeckt, kann Schlagsahne oder einen Fruchtsirup über den Pudding geben.

Kokospudding nach Palast-Rezept
Keşkül-Ü-Fukara (Saray Usulü)

100 g Kokosflocken
2 l Milch
300 g Zucker
4 EL Reismehl
150 g Schlagsahne
100 g granulierte Mandeln
50 g granulierte Pistazien
100 g roter Nelken-Zimt-Zucker

◆ Die Kokosflocken im Mixer fein mahlen oder im Mörser zerdrücken, in etwas Milch rühren und in einer kleinen Kasserolle bei schwacher Hitze 10 Minuten kochen.
In einem Topf die restliche Milch, Zucker und 2 Mokkalöffel Salz verrühren, erhitzen. Den Kokosmilchbrei unterrühren, einmal aufkochen und die Hitze reduzieren.
In einem Schälchen das Reismehl mit 1½ Mokkatassen lauwarmem Wasser verrühren und nach und nach unter schnellem Rühren in die Milch geben. Bei schwacher Hitze kochen, bis der Pudding dick wird.
Die Sahne schlagen. Den Pudding etwas abkühlen lassen, die Sahne unterziehen, in Schälchen abfüllen und kalt stellen. Vor dem Servieren mit Mandeln, Pistazien und rotem Zucker bestreuen.

Weizengelee mit Früchten und Nüssen
Aşure

am Vortag beginnen

50 g weiße Bohnen
50 g Kichererbsen
250 g Weizenschrot
150 g Milchreis
6 getrocknete Feigen
8 getrocknete Aprikosen
100 g Korinthen
100 g Mandeln
750 g Zucker
450 ml Milch
1 Mokkatasse Pinienkerne
100 g Walnüsse
1 Mokkatasse Pistazien
150 ml Rosenwasser
1 Mokkatasse Granatapfelkerne

◆ Bohnen und Kichererbsen in 1 l lauwarmem Wasser über Nacht einweichen.
Am nächsten Tag Weizenschrot, Reis und 2 EL Salz in ¾ l warmes Wasser geben und 30 Minuten einweichen. Mehrmals umrühren, abgießen und unter kaltem Wasser spülen. In einem Topf mit 3 l Wasser kochen, bis ein Drittel des Wassers verdampft ist.
Währenddessen Bohnen und Kichererbsen abgießen, in ¾ l Wasser aufsetzen und kochen, bis sie sehr weich sind, dann abgießen. Feigen und Aprikosen vierteln, mit den Korinthen in warmem Wasser einweichen.
In einer Kasserolle die Mandeln in ¼ l Wasser kurz aufkochen, abgießen, abkühlen lassen und schälen.
Die Flüssigkeit aus dem Topf mit dem Weizenschrot abgießen und auffangen. Weizenschrot und Reis durch ein Haarsieb in diese Flüssigkeit streichen und zurück in den großen Topf geben, Zucker und Milch einrühren, erneut zum Kochen bringen.
Währenddessen das Trockenobst abgießen, in den Topf geben und noch einmal aufkochen. Dann Mandeln, Pinienkerne, zwei Drittel der Walnüsse und die Hälfte der Pistazien, Bohnen und Kichererbsen sowie das Rosenwasser zugeben, einmal aufkochen.
Den Topf vom Herd nehmen und etwas abkühlen lassen. Das Gelee auf Schälchen verteilen und kalt stellen. Die restlichen Walnüsse und Pistazien granulieren und mit den Granatapfelkernen darüber streuen.

Grießkrapfen
İrmik Lokması

300 g Zucker
320 g Butter
300 g feiner Grieß
⅓ l Milch
4 Eier

◆ In einer Kasserolle den Zucker in ⅓ l Wasser verrühren, 10 Minuten kochen und kalt stellen. In einem mittelgroßen Topf 120 g Butter zerlassen, den Grieß zugeben und bei schwacher Hitze 6 Minuten rühren, ohne dass er braun wird. Milch unterrühren und bei schwacher Hitze zugedeckt 15 Minuten quellen lassen. Die Kasserolle vom Herd nehmen, durch Umrühren etwas abkühlen, nacheinander die Eier hineinrühren.
In einer kleinen Pfanne die restliche Butter bei mittlerer Hitze zerlassen. Den Teig zwischen den Händen Stück für Stück daumendick rollen, die Rolle in die Hand nehmen, einen Teelöffel in warmes Wasser tauchen, damit ein haselnussgroßes Stück von der Teigrolle abschneiden und in die Pfanne geben. Das Rollenende wieder rund formen, den Teelöffel erneut anfeuchten und mit dem restlichen Teig auf gleiche Weise verfahren. Die Krapfen von beiden Seiten hellbraun braten, mit einer Schaumkelle herausnehmen und abtropfen lassen. Sofort in den kalten Sirup tauchen, darin etwas abkühlen lassen. Mit einer zweiten Schaumkelle herausnehmen, abtropfen lassen und auf einen Servierteller legen.

Das Abkühlen übernimmt am besten eine zweite Person, damit weder Butter noch Krapfen verbrennen.

Türkischer Honig aus Mehl
Un Helvası

190 g Butter
250 g Mehl
275 g Zucker

◆ In einem mittelgroßen Topf Butter zerlassen, das Mehl zugeben und bei mittlerer Hitze ständig rühren, bis es hellbraun wird. Gleichzeitig in einem anderen Topf den Zucker in 1½ l Wasser aufkochen und in die Mehlschwitze gießen. Mit dem Schneebesen etwas schlagen und bei schwacher Hitze zugedeckt 20 Minuten quellen lassen.
Den Topf vom Herd nehmen, etwas abkühlen lassen und lauwarm servieren.

Türkischer Honig aus Grieß
İrmik Helvası

165 g Butter
1 Mokkatasse Pinienkerne
350 g Grieß
875 ml Milch
420 g Zucker

◆ In einem mittelgroßen Topf Butter zerlassen. Pinienkerne sowie Grieß zugeben und bei mittlerer Hitze ständig rühren, bis die Pinienkerne braun werden – der Grieß darf nicht braun werden.
Die Milch erhitzen und zugießen. Zucker beifügen und gut umrühren. Bei schwächster Hitze zugedeckt 20 Minuten quellen lassen.
Den Topf vom Herd nehmen und abkühlen lassen. Lauwarm servieren.

Teegebäck
Kurabiyeler

Tee wird in der Türkei zu jeder Tages- und Nachtzeit getrunken. Im Winter soll er wärmen, im Sommer die Körpertemperatur der Hitze angleichen.

Teeküchen findet man in jeder Geschäftsstraße. Stündlich werden die Büros und Läden von ihnen mit Tee versorgt – in den so genannten Tulpengläsern. Er wird heiß und süß getrunken, von Kurden und Arabern sogar durch ein Zuckerstück zwischen den Zähnen geschlürft.

In den Parks und Teegärten der Städte werden zum Tee Sesamkringel angeboten, die die hungrig machenden Bitterstoffe des Tees im Magen mildern sollen. Zu Hause reicht man seinen Gästen eher süße Leckerbissen zum Tee.

Halbmonde mit Walnussfüllung
Ay Çöreği

6 EL Butter
150 g Mehl
1 TL Trockenhefe
1 Ei
3 EL Zucker
1 Mokkatasse Puderzucker
1 Mokkatasse Milch
100 g gemahlene Walnüsse
1 Mokkatasse Sultaninen
4 EL Erdbeersirup
1 TL gemahlener Zimt
1 Eigelb
1 EL gehobelte Mandeln

◆ Die Butter zerlassen. Das Mehl in eine Schüssel geben und in die Mitte eine Vertiefung drücken. Die Hefe mit 1 Mokkatasse lauwarmem Wasser vermischen, hineingeben, Butter, Ei und Zucker beifügen, nach und nach mit dem Mehl vermischen. 2 Mokkalöffel Salz beifügen und einen Teig kneten.
Walnussgroße Mengen zu kleinen Kugeln formen und auf der Tischplatte zu ½ cm dünnen Fladen ausrollen.
In einer kleinen Schüssel den Puderzucker in der Milch verrühren. Walnüsse, Sultaninen, Sirup und Zimt unterrühren. Auf die Mitte der Fladen 1 EL Füllung länglich anhäufen. Den Fladen einmal über die Füllung falten, zum Rand hin aufrollen und zu einer Mondsichel biegen. Eine Stunde ruhen lassen.
Den Ofen auf mittlere Temperatur vorheizen. Das Eigelb verrühren und mit dem Pinsel auf die Halbmonde streichen. Die Mandeln darüber streuen. Die Halbmonde 30 Minuten goldbraun backen.

Walnuss-Pasteten
Cevizli Börek

250 g Butter
300 g Mehl
6 Eier
2 EL Vollfett-Joghurt
1 Mokkatasse Puderzucker
900 g gemahlene Walnüsse
1 Mokkalöffel Mandelaroma
1 TL gemahlener Zimt

◆ Ein Blech mit 1 EL Butter einstreichen. Die restliche Butter zerlassen und mit dem Mehl gut verrühren. Die Eier trennen. Die Eigelb mit dem Joghurt schlagen, mit dem Teig verrühren und gründlich kneten. Den Teig in 40 Kügelchen teilen und mit einem feuchten Tuch bedeckt an einem kühlen Ort stehen lassen, bis die Füllung fertig ist.
Die Eiweiß schlagen, dabei nach und nach Puderzucker, Nüsse und Mandelaroma zugeben – das Eiweiß sollte ganz steif sein. Den Ofen auf mittlere Temperatur vorheizen.
Die Teigkügelchen zu dünnen, untertassengroßen ovalen Fladen ausrollen. 1 EL Füllung darauf geben, die beiden Fladenränder der langen Seite so über die Füllung legen, dass sie übereinander liegen, dann die beiden Ränder der kurzen Seite. Die Pasteten nebeneinander auf das Blech legen und im Ofen bei mittlerer Hitze 35 Minuten backen. Herausnehmen, abkühlen lassen und vor dem Servieren mit einer Prise Zimt bestreuen.

Walnuss-Plätzchen
Cevizli Kurabiye

200 g Puderzucker
2 EL Mehl
200 g gemahlene Walnüsse
8 Eiweiß
2 TL Butter
100 g Walnussviertel

◆ In einer Schüssel Puderzucker, Mehl, Walnüsse und 1 Mokkalöffel Salz gut vermischen. Den Ofen auf mittlere Temperatur vorheizen.
In einer anderen Schüssel die Eiweiß steif schlagen und etwas Puderzucker zugeben, damit der Eischnee fest wird. Mit dem Nuss-Mehl-Gemisch verrühren und in eine Spritztüte geben.
Ein Blech mit Butter einstreichen, etwas Mehl darüber streuen. Den Teig in walnussgroßen Häufchen auf das Blech spritzen und auf jedes ein Nussviertel drücken. Im Ofen bei mittlerer Hitze eine Stunde knusprig backen.
Kalt servieren.

Aleppo-Plätzchen
Un Kurabiyesi

250 g Puderzucker
200 g Butter
400 g Mehl
1 Mokkalöffel gemahlene Vanille

◆ In einer Schüssel 150 g Puderzucker mit Butter verkneten, Mehl und Vanille zugeben, zu einem Teig kneten. Den Teig rollen, drücken und ziehen. Eiergroße Mengen zwischen den Händen zu Bällchen rollen und flach drücken. Den Ofen auf mittlere Temperatur vorheizen. Ein Blech dünn mit Butter einstreichen, die Plätzchen darauf verteilen und im Ofen bei schwacher Hitze 30 Minuten backen.
Herausnehmen, abkühlen lassen, mit Puderzucker bestreuen und servieren.

Gemischte Bittermandel-Plätzchen
Karışık Badem Kurabiyesi

am Vortag beginnen

300 g weiße Bohnen
10 bittere Mandeln
600 g gehobelte Mandeln
1 Mokkatasse süße Mandeln
1 EL Butter
300 g Zucker
3 Eier
2 Eiweiß

1 Bogen Fettpapier

◆ Die Bohnen in 1 l Wasser über Nacht quellen lassen.
Am nächsten Tag in 1 l frischem Wasser so weich kochen, bis sie leicht zu zerdrücken sind. Abgießen, etwas abkühlen lassen und durch ein Haarsieb streichen.
In einer kleinen Kasserolle die bitteren Mandeln kurz aufkochen, abgießen und abkühlen lassen. Schälen, fein mahlen oder reiben. Die gehobelten Mandeln im Mörser zerkleinern, dabei die bitteren zugeben. Die süßen Mandeln brühen, schälen und halbieren. Das Bohnenpüree mit Butter, zerkleinerten Mandeln, Zucker und Eiern vermischen, zu einem Teig kneten. Walnussgroße Mengen zwischen den Händen zu kleinen Bällchen rollen und flach drücken. Ein Blech mit Fettpapier auslegen. Das Eiweiß in einem Schälchen verrühren. Die Plätzchen auf das Fettpapier legen, mit einem Pinsel das Eiweiß dünn darauf streichen und auf jedes Plätzchen eine Mandelhälfte drücken. Im Ofen bei schwacher Hitze 25 Minuten knusprig backen.
Kalt servieren.

Grießkonfekt mit Mandeln
Kaşık Tatlısı

215 g Butter
1 Mokkatasse Mandelsplitter
350 g Grieß
550 g Zucker
1 TL gemahlene Vanille
1¼ l Milch
1 Mokkatasse Mandeln

◆ In einem mittelgroßen Topf Butter zerlassen und die Mandelsplitter bei schwacher Hitze 4 Minuten dünsten. Grieß zugeben und ständig rühren, bis die Mandeln hellbraun zu werden beginnen.
Gleichzeitig in einem anderen Topf Zucker und Vanille in der Milch verrühren und so langsam erhitzen, dass die Milch erst kocht, wenn der Grieß genug gedünstet hat. Die Vanille-Milch zum Grieß geben, gut umrühren und bei schwacher Hitze zugedeckt 20 Minuten quellen lassen.
Währenddessen in einer kleinen Kasserolle die Mandeln in ¼ l Wasser kurz aufkochen, abgießen und abkühlen lassen. Schälen und halbieren.
Die Konfektmasse vom Herd nehmen, etwas abkühlen lassen, löffelweise auf einen Servierteller geben und auf jedes Stück eine halbe Mandel drücken.
Lauwarm servieren.

Schnecken mit Nüssen gefüllt
Fındık Çöreği

150 g Butter
3 Eier
3 EL Zucker
1½ Mokkatassen lauwarme Milch
500 g Mehl
5 TL Trockenhefe
300 g gemahlene Haselnüsse
150 g Sultaninen
3 EL brauner Zucker
3 TL gemahlener Zimt
1 EL Puderzucker
1 Eigelb
1 EL Sesamkörner

◆ Die Butter zerlassen. Die Eier schlagen. In einer Schüssel den Zucker in der Milch verrühren. Zwei Drittel der Butter und die Eier unterrühren. Nach und nach Mehl, Hefe und 1 TL Salz zugeben, etwas kneten. Den Teig in zweifingerbreite Streifen schneiden, mit den Fingerspitzen 5 cm breit und 30 cm lang drücken, die Oberseite mit der restlichen geschmolzenen Butter bestreichen. Die Teigstreifen auf einem Blech verteilen.
Nüsse, Sultaninen, braunen Zucker, 2 TL Zimt und 2 TL Puderzucker gut miteinander vermischen und in einer Linie in die Mitte der Teigstreifen streuen. Die Teigstreifen über der Füllung längs falten, Seitenränder und Enden fest andrücken, damit die Füllung nicht herauskrümeln kann. Die Rollen einzeln zu einer engen Schnecke winden, die äußeren Enden andrücken und die Schnecken mit dem Handteller vorsichtig etwas flach drücken. Eine Stunde ruhen lassen. Den Ofen stark vorheizen.
Eigelb verrühren und mit einem Pinsel auf die Schnecken streichen. Sesamkörner mit restlichem Puderzucker und Zimt verrühren, über die Schnecken streuen. Im Ofen bei starker Hitze 20 Minuten goldbraun backen.

Osterzopf
Paskalya Çöreği

5 Stunden ruhen lassen

1¼ kg Mehl
1 Mokkatasse Bäckerhefe
4 Mokkatassen Milch
150 g Zucker
375 g Butter
6 Eier
1 Mokkalöffel Anis
1 Mokkalöffel Steinweichsel-Pulver
1 Eigelb
150 g gehobelte Mandeln
50 g Sesamkörner

◆ Das Mehl in eine große Schüssel geben und in die Mitte eine kleine Vertiefung drücken. Hefe zerkrümeln, mit etwas Milch und 1 EL Zucker hineingeben, mit einem Viertel des Mehls zu einem Vorteig kneten. An einem warmen Ort zugedeckt 15 Minuten gehen lassen.
Die Butter zerlassen.
Den Vorteig mit dem restlichen Mehl, Eiern, 1 TL Salz, restlichem Zucker, Anis, Steinweichsel und restlicher Milch verkneten. Die geschmolzene Butter zugeben und den Teig kneten, bis er sich leicht von der Schüssel löst. Zudecken und erneut vier Stunden gehen lassen.
Den Ofen stark vorheizen. Den Teig in vier Stücke teilen und jedes in drei Scheiben schneiden. Jede Scheibe zwischen den Händen länglich rollen. Je drei Teigrollen zu einem Zopf flechten.
Ein Blech mit 1 EL Butter einstreichen. Eigelb verrühren und mit einem Pinsel auf die Oberfläche der Zöpfe streichen. Mit Mandeln und Sesamkörnern bestreuen. Im Ofen bei mittlerer Hitze 20 Minuten backen.

Süße Sesambrezeln
Smyrna Simidi

270 g Butter
6 Eier
4 Mokkatassen Zucker
2 Mokkatassen Milch
1100 g Mehl
4 TL Trockenhefe
1 Eigelb
100 g Sesamkörner

◆ 250 g Butter anwärmen, bis sie weich ist. Die Eier schlagen, Butter, Zucker und Milch miteinander verrühren. Nach und nach Mehl und Hefe in kleineren Mengen unterrühren, etwas kneten. Walnussgroße Mengen zwischen den Händen zu kleinen Kugeln formen und zu einer dünnen Rolle von 20 cm Länge rollen. Den Ofen auf mittlere Temperatur vorheizen.
Jede Rolle zu einem Z legen und die Querlinien an die Mittellinie drücken. Eigelb verrühren und mit einem Pinsel dünn auf die Brezeln streichen. Mit Sesamkörnern bestreuen. Ein Blech mit 1 EL Butter einstreichen, die Brezeln darauf verteilen und im Ofen bei mittlerer Hitze 30 Minuten goldbraun backen.

Sesamkringel
Simit

150 g Butter
3 Eier
1 Mokkatasse Pflanzenöl
1 Mokkatasse Milch
600 g Mehl
3 TL Trockenhefe
1 Mokkatasse Sesamkörner

◆ 125 g Butter anwärmen, bis sie weich ist. Den Ofen auf mittlere Temperatur vorheizen. Das Blech mit 1 EL Butter einstreichen.
Zwei Eier schlagen und mit Butter, Öl, Milch, 1 Mokkatasse Wasser und 1 TL Salz verrühren. Nach und nach Mehl und Hefe in kleinen Mengen unterrühren, etwas kneten. Kleine Haufen zu Kugeln formen, zwischen den Händen fingerdick rollen und 10 cm lang abschneiden.
Das dritte Ei schlagen. Die Röllchen darin wenden, in Sesamkörnern wälzen und auf einem Blech zu Kringeln legen. Im Ofen bei mittlerer Hitze 20 Minuten goldbraun backen.

Konfitüren
Reçeller

Die selbst gemachten Konfitüren in der Türkei unterscheiden sich von denjenigen unserer Breiten durch ihre Konsistenz. Die ganzen Fruchtstücke schwimmen in dünnflüssigem Sirup, denn türkische Konfitüre wird ohne dickende Geliermittel zubereitet.

Deswegen bedarf es einiger Übung, ein solcherart bestrichenes türkisches Weißbrot zu essen, ohne sich zu bekleckern … Den Gaumen erfreut jedoch der Gegensatz zwischen Früchten mit Biss und dem fließendem Zuckersaft.

Feigen-Konfitüre
İncir Reçeli

750 g frische kleine Feigen
2 Zitronen
1½ kg Zucker
2 EL Zitronensaft
1 Mokkalöffel gemahlene Vanille

◆ Die Feigen mit dem Fruchtfleisch der Zitronen abreiben und sofort in einen Topf mit ¾ l Wasser geben. Den Saft der beiden Zitronen zugießen und die Feigen im Wasser mit einem scharfen Messer fein abschaben. Erhitzen und kochen, bis die Feigen außen weich werden. Abgießen und in eine Schüssel legen.
In einem Topf den Zucker in 1 l Wasser und 1 EL Zitronensaft verrühren, erhitzen und bei mittlerer Hitze 5 Minuten kochen. Die Feigen zugeben und weiterkochen, bis der Sirup dick ist – Tropfenprobe: Den Sirup von einem Teelöffel auf einen kalten Teller tropfen lassen: Bleibt der Tropfen stehen, ist der Sirup dick genug.
Vanille und restlichen Zitronensaft einrühren, noch einmal aufkochen. Den Topf vom Herd nehmen, langsam abkühlen lassen und kalt stellen. In Gläser füllen.

Mandarinen-Konfitüre
Mandalina Reçeli

2 Tage ruhen lassen

1 kg kleine, kaum reife ungespritzte Mandarinen
1½ kg Zucker
2 EL Zitronensaft

◆ Die Mandarinen mit einem scharfen Messer fein abschaben und zwei Tage in kaltem Wasser stehen lassen.
Dann das Wasser abgießen, die Mandarinen in 1 l frischem Wasser aufsetzen und kochen, bis sie etwas weich geworden sind. Abgießen, mit kaltem Wasser übergießen, halbieren und entkernen.
In einem Topf den Zucker in ¾ l Wasser verrühren, erhitzen und bei mittlerer Hitze 10 Minuten kochen. Die Mandarinen zugeben und bei etwas schwächerer Hitze weiterkochen, bis der Sirup dick ist – Tropfenprobe: Den Sirup von einem Teelöffel auf einen kalten Teller tropfen lassen: Bleibt der Tropfen stehen, ist der Sirup dick genug.
Zitronensaft einrühren, noch einmal aufkochen, abschäumen. Den Topf vom Herd nehmen, abkühlen lassen, und kalt stellen. In Gläser füllen.

Maronen-Konfitüre
Kestane Püresi Reçeli

1 kg Maronen
750 g Zucker
1 TL gemahlene Vanille

◆ Die Maronen schälen und in 1 l kochendem Wasser 6 Minuten brühen. Durch ein Sieb abgießen, etwas abkühlen lassen und die Haut entfernen. Die Maronen erneut in 1 l Wasser kochen, bis sie sehr weich sind. Durch ein Sieb abgießen, etwas zerkleinern und durch ein Haarsieb streichen.
Das Püree mit Zucker und Vanille in 1¼ l Wasser aufsetzen und bei mittlerer Hitze 15 Minuten kochen.
Abkühlen lassen und in Gläser abfüllen.

Orangen-Konfitüre
Portakal Reçeli

1 kg ungespritzte Orangen mit dicker Schale
1½ kg Zucker
2 EL Zitronensaft

◆ Die Orangen fein schälen, in 1 l Wasser aufsetzen und kochen, bis sie etwas weich sind. Abgießen, mit kaltem Wasser übergießen und längs wie quer vierteln, so dass sich 16 Teile pro Frucht ergeben.
In einem Topf den Zucker in ¾ l Wasser verrühren, erhitzen und bei mittlerer Hitze 10 Minuten kochen. Die Orangen zugeben und bei etwas schwächerer Hitze weiterkochen, bis der Sirup dick ist – Tropfenprobe: Den Sirup von einem Teelöffel auf einen kalten Teller tropfen lassen: Bleibt der Tropfen stehen, ist der Sirup dick genug.
Zitronensaft einrühren, noch einmal aufkochen, abschäumen. Den Topf vom Herd nehmen, abkühlen lassen, und kalt stellen. In Gläser füllen.

Apfelquitten-Konfitüre
Ayva Reçeli

1¼ kg Apfelquitten
1½ kg Zucker
2 EL Zitronensaft

◆ Die Quitten schälen, halbieren und entkernen. In halbfingerdicke Scheiben schneiden und sofort in 1½ l Wasser geben, damit sie sich nicht verfärben.
Die Quitten kochen, bis sie etwas weich werden. Den Zucker unterrühren und bei mittlerer Hitze kochen, bis der Sirup dick ist – Tropfenprobe: Den Sirup von einem Teelöffel auf einen kalten Teller tropfen lassen: Bleibt der Tropfen stehen, ist der Sirup dick genug.
Zitronensaft zugeben, einmal aufkochen. Kalt stellen und in Gläser abfüllen.

Konfitüre aus getrockneten Aprikosen
Kuru Kayısı Reçeli

12 Stunden ruhen lassen

600 g getrocknete Aprikosen
2 EL Zitronensaft
1½ kg Zucker

◆ Die Aprikosen in 2 l Wasser zwölf Stunden einweichen, dann abgießen.
In einem Topf den Zucker in ¾ l Wasser verrühren, erhitzen und 5 Minuten kochen. Die Aprikosen zugeben und bei mittlerer Hitze kochen, bis der Sirup dick ist – Tropfenprobe: Den Sirup von einem Teelöffel auf einen kalten Teller tropfen lassen: Bleibt der Tropfen stehen, ist der Sirup dick genug.
Abkühlen lassen und in Gläser füllen.

Rosenblüten-Konfitüre
Gül Reçeli

225 g frische, stark duftende Rosenblütenblätter
1½ kg Zucker
3 EL Zitronensaft

◆ Die Rosenblütenblätter in 1 l Wasser aufsetzen und kochen, bis die Blätter weißlich werden. Zucker einrühren und bei mittlerer Hitze kochen, bis der Sirup dick ist – Tropfenprobe: Den Sirup von einem Teelöffel auf einen kalten Teller tropfen lassen: Bleibt der Tropfen stehen, ist der Sirup dick genug.
Zitronensaft einrühren, einmal aufkochen und abschäumen. Vom Herd nehmen und zum Abkühlen in eine Emailleschüssel gießen. Nach dem Erkalten in Gläser füllen.

Getränke
Soğuk İçecekler

Im Winter freut sich jeder, der friert, an der Ecke belebter Straßen einen Sahleb-Verkäufer zu treffen, der seine Delikatesse mit lang gezogenen Rufen anpreist. Sahleb ist ein heißes, sämiges Getränk aus der Wurzel des Knabenkrauts, einer Orchideenart, das wärmt und anregend wirkt.

Im Januar sind die Limonen reif, deren Saft zu einem herzhaften mildgrünen Erfrischungsgetränk verarbeitet wird, das vom Frühjahr an in den Eisdielen angeboten wird.

Im Juni hat die orange leuchtende, vitaminreiche Mispelfrucht Saison, aus der Tükenmez angesetzt wird.

Aus den Blättern einer stark duftenden Rosenart, die auf großen Feldern angebaut wird, um Rosenwasser und Duftessenzen aus ihnen zu gewinnen, wird im Juli Gül Surubu bereitet.

Im August werden die handlangen, trockenen Schoten des Johannisbrotbaums geerntet. Roh sind sie als würzige Süßigkeit zum Knabbern geeignet, zermahlen dienen sie als Grundlage für einen Most, der mit Traubensaft gemischt wird.

Im Oktober reifen die Granatäpfel, deren leuchtend rote Fruchtkerne zu einem erfrischenden Most verarbeitet werden.

Mandelmost
Badem Şurubu

320 g süße Mandeln
2 bittere Mandeln
2½ kg Zucker
1 Eiweiß
2 Tropfen Bergamotte-Essenz

◆ Die Mandeln in Mörser oder Mixer fein zerstoßen, durch ein Haarsieb in einen mittelgroßen Topf streichen, dabei mit 2 Mokkatassen Wasser übergießen. Die im Sieb verbliebenen Krümel noch einmal im Mörser zerstoßen, durch das Sieb streichen und dabei mit 2 Mokkatassen Wasser übergießen. 350 ml Wasser in den Topf gießen, Zucker und Eiweiß einrühren. Die Flüssigkeit erhitzen und bei mittlerer Hitze kochen, bis sich der Zucker vollständig aufgelöst hat.
Die Bergamotte-Essenz zugeben, gut umrühren und abkühlen lassen. In Flaschen abfüllen und sofort mit Korken oder Gummikappen verschließen.
Zum Trinken im Verhältnis 1:4 mit Wasser verdünnen.

Granatapfelmost
Nar Şurubu

12 Stunden ruhen lasen

1 kg Granatäpfel, sehr reife und fast reife gemischt
1 kg Zucker

◆ Die Granatäpfel aufbrechen, das kernige Fruchtfleisch herauslösen und durch ein Haarsieb in einen Topf streichen. Den gewonnenen Saft zwölf Stunden ruhen lassen.
Ohne umzurühren durch ein Tuch in einen anderen Topf abgießen. Zucker zugeben, unter ständigem Rühren erhitzen und kochen, bis sich der Zucker vollständig aufgelöst hat.
Abkühlen lassen und kalt stellen. In Flaschen abfüllen und mit Korken oder Gummikappen verschließen.
Zum Trinken im Verhältnis 1:4 mit Wasser verdünnen.

Bananenmost
Muz Şurubu

12 Stunden ruhen lassen

1 kg Bananen
500 g bis 1 kg Zucker (je nach Süße der Bananen)

◆ Die Bananen schälen, mit der Gabel oder im Mixer pürieren, in einen Topf geben und mit ¼ l kochendem Wasser übergießen. Zwölf Stunden ruhen lassen.
Den Zucker in ¼ l Wasser erhitzen und unter ständigem Rühren auflösen. Den Bananensaft durch ein Haarsieb in den Zuckersirup streichen, unter ständigem Rühren 5 Minuten kochen.
Den Topf vom Herd nehmen, abschäumen, abkühlen lassen und kalt stellen. In Flaschen abfüllen und mit Korken oder Gummikappen verschließen.
Zum Trinken im Verhältnis 1:4 mit Wasser verdünnen.

Getränk aus Honigmelonenkernen
Sübye

400 g ungesalzene Honigmelonenkerne
150 g Zucker

◆ Die Kerne schälen, gründlich waschen, in einem angefeuchteten Mörser fein zerstoßen oder im Mixer fein mahlen und in ein feines Sieb geben, das gröber als ein Haarsieb ist. Das Sieb in einen Topf hängen und unter ständigem Rühren ¾ l Wasser darüber gießen.
Die im Sieb verbliebenen Krümel noch einmal im Mörser zerstoßen, in das Sieb geben und mit ¼ l Wasser in den Topf spülen. Zucker einrühren und den Saft ruhen lassen.
Wenn der Trester abgesunken ist, den klaren Saft servieren.

Erfrischungsgetränk für heiße Tage
Tükenmez

1 Woche ruhen lassen

8 kg Mispelfrüchte
40 Stück Birnen
Sauerkirschenblätter
4 Apfelquitten
8 Äpfel
750 g Zucker

◆ Früchte und Blätter gründlich waschen. In einem großen Trog mit Zucker bestreuen und mit Wasser so auffüllen, dass es eine Handbreit über den Früchten steht. Eine Woche stehen lassen.
Flüssigkeit abschöpfen und servieren. Die gleiche Menge Wasser nachfüllen und – sobald das Getränk an Süße verliert – Zucker hinzufügen.

Süßes Getränk aus Knabenkrautwurzel
Sahlep

1 l Milch
6 g gemahlene Knabenkrautwurzel
5 EL Zucker
1 Mokkalöffel gemahlener Zimt

◆ In einem Topf Milch mit Knabenkraut verrühren, erhitzen und bei schwacher Hitze unter ständigem Rühren 15 Minuten kochen. Nach und nach Zucker in kleinen Mengen zugeben und bei schwacher Hitze weiterkochen, bis sich der Zucker aufgelöst hat.
Den Topf vom Herd nehmen und das Getränk heiß in Becher gießen. Mit Zimt bestreuen und heiß servieren.

Johannisbrot-Fruchtsaft
Keçiboynuzu Şerbeti

1 kg Johannisbrot
½ l süßer Traubenmost

◆ Die Johannisbrotschoten entkernen, im Mörser fein zerstampfen oder im Mixer mahlen. In einem großen Topf in 1¾ l Wasser verrühren, erhitzen und kochen, bis ½ l Flüssigkeit verdampft ist.
Durch ein Haarsieb in einen anderen Topf gießen und abkühlen lassen. Traubenmost unterrühren und kalt stellen.
Vor dem Servieren noch einmal durchs Haarsieb gießen.

Most aus Klatschmohnblättern
Gelincik Şurubu

einige Tage ruhen lassen

200 g Klatschmohnblätter
2 EL Zitronensaft
1 kg Zucker

◆ Schwarze Stellen mit der Schere abschneiden und die Blätter in einem Sieb unter fließendem Wasser gründlich waschen. In ein verschließbares Glasgefäß geben, ¼ l Wasser und Zitronensaft darüber gießen und verschlossen drei Tage in der Sonne – ansonsten sechs Tage – stehen lassen.
Die Hälfte des Zuckers hineingeben und warten, bis er sich selbst gelöst hat. Den restlichen Zucker mit ¼ l Wasser verrühren und mit dem süßen Saft vermischen.
Den Most durch ein feines Tuch geben, in eine Flasche füllen und mit Korken oder Gummikappe verschließen.
Zum Trinken im Verhältnis 1:4 mit Wasser verdünnen.

Most aus Rosenblüten
Gül Şurubu

24 Stunden ruhen lassen

200 g frische, stark duftende Rosenblütenblätter
1 kg Zucker

◆ Die Blütenblätter waschen, in einen verschließbaren Topf geben, mit ¼ l kochendem Wasser übergießen und dicht verschlossen 24 Stunden ruhen lassen.
Den Zucker in ¼ l Wasser unter ständigem Rühren erhitzen und kochen, bis er sich vollständig aufgelöst hat. Den Topf vom Herd nehmen, das Rosenwasser durch ein Sieb zugießen, umrühren. Abkühlen lassen und kalt stellen. In Flaschen füllen und mit Korken oder Gummikappen verschließen. Zum Trinken im Verhältnis 1:4 mit Wasser verdünnen.

Joghurt-Getränk
Ayran

500 g Vollfett-Joghurt

◆ Den Joghurt mit ¾ l Wasser verrühren, nach Geschmack Salz zugeben – mindestens 1 TL – und das Getränk mit dem Schneebesen oder im Mixer schaumig schlagen.

Ayran schmeckt am besten mit selbst angesetztem Joghurt aus entrahmter Schafsmilch. Der Joghurt wird geschlagen, bis das Fett abgeschöpft werden kann, dann die zurückbleibende buttermilchartige Flüssigkeit im angegebenen Verhältnis mit Wasser verrührt und gesalzen.

Tee
Çay

◆ Im traditionellen Holzkohlen-Samowar oder einer großen Kanne aus Blech oder Buntstahl Wasser aufsetzen. In eine darauf passende kleine Teekanne aus Blech, Buntstahl oder dickem Porzellan Teeblätter geben und auf die Kanne setzen. Die Teeblätter mit etwas Wasser befeuchten, damit sie nicht »verbrennen«.
Das kochende Wasser in die Kanne füllen und bei schwacher Hitze sieden – der Teesud darf nie kochen, da sonst zu starke Bitterstoffe aus den Blättern treten.
Den Teesud in die kleinen tulpenförmigen Gläser gießen und je nach Stärke im Verhältnis 1:2 bis 1:1 mit siedendem Wasser auffüllen.

Mokka
Kahve

◆ Jede Tasse einzeln zubereiten und aufwärmen.
Je nach Geschmack 1 bis 1½ Mokkalöffel staubfein gemahlenen Kaffee, 1 bis 1½ Mokkalöffel Zucker und 1 Mokkatasse kaltes (!) Wasser in die Mokkakasserolle geben, einige Mal kräftig umrühren und bei schwacher Hitze langsam erhitzen – nicht aufkochen. Den kurz vor dem Kochen aufsteigenden Kaffeeschaum in die heiße Tasse abgießen. Die Flüssigkeit erneut aufkochen und in die Tasse gießen.
Vor dem Trinken 2 bis 3 Minuten abkühlen lassen.

Rezeptregister

Stichwortregister

Die *kursiven* Seitenangaben verweisen auf Texte, die den Begriff erläutern, die übrigen auf Rezepte, in denen diese Zutat eine wichtige Rolle spielt.

In der Reihe »**Gerichte und ihre Geschichte**« erschienen:

Hamidullah Kabuli Kohgadai
◆ Afghanisch kochen

Havva – Eva Seyberth
◆ Ägyptisch kochen

Lisa Shoemaker
◆ Amerikanisch kochen

A. Martínez Paternina
◆ Das Anden-Kochbuch

Magdi und Christine Gohary, Brahim Lagunaoui
◆ Arabisch kochen

Martha B. Muti De Malazzo
◆ Argentinisch kochen

Stefan Ullmann
◆ Australisch kochen

Rose Marie Donhauser
◆ Balinesisch kochen

Gerd Wolfgang Sievers
◆ Das Balkan-Kochbuch

Anne Iburg
◆ Baltisch kochen

Moema Parente Augel
◆ Brasilianisch kochen

Charlotte Noer
◆ Dänisch kochen

Lisa Shoemaker
◆ Englisch kochen

E. Winkelmann / C. Moser / A. Marinkovic / M. de Klepper / G. van de Bunt
◆ Holländisch kochen

Brigitte und Elmar Engel
◆ Indianisch kochen

Madhur Jaffrey
◆ Indisch kochen

Jürgen Schneider
◆ Irisch kochen

Katrin Richter / Martin Krauß
◆ Israelisch kochen

Elisabeth Veit
◆ Kanarisch kochen

Torsten Eßer
◆ Katalanisch kochen

Birgit Kahle
◆ Kubanisch kochen

Héctor Ernesto Mairena / Magrit Liepe
◆ Mittelamerikanisch kochen

Beate Engelbrecht / Ulrike Keyser
◆ Mexikanisch kochen

Alexander Pöche / Susanne Schöer
◆ Norwegisch kochen

Magdi und Christine Gohary
◆ Orientalisch kochen

Ketsela Wubneh-Mogessie
◆ Ostafrikanisch kochen

Parvin Vormweg
◆ Persisch kochen

Magrit Liepe
◆ Polnisch kochen

Márcia Zoladz
◆ Portugiesisch kochen

Irina Carl
◆ Russisch kochen

Frank Winter
◆ Schottisch kochen

Anne Iburg
◆ Schwedisch kochen

Cristina Moles Kaupp
◆ Schweizerisch kochen

H.-U. Stauffer / H. Fontana
◆ Südafrikanisch kochen

Tsering Mendrong
◆ Tibetisch kochen

Bânu Yalkut-Breddermann / Hanjo Breddermann
◆ Türkisch kochen

Peter Meleghy
◆ Ungarisch kochen

Jojo Cobbinah / Holger Ehling
◆ Westafrikanisch kochen

Die Bücher sind mit Farbtafeln ausgestattet, fest gebunden und kosten jeweils 16,90 €.

Stand: 2014